BAUDELAIRE

La première édition de cet ouvrage a paru en 1952
dans la collection *Écrivains de toujours*.
Nouvelle édition comportant une bibliographie mise à jour.

Couverture : Charles Baudelaire, par Nadar.
© Orsay, Photo RMN / H. Lewandowski

ISBN 1re ÉDITION : 2-02-000009-1
ISBN : 2-02-023493-9

BAUDELAIRE

Pascal Pia

Écrivains de toujours

SEUIL

BAUDELAIRE
PAR LUI-MÊME

En 1884, un inconnu, Maurice Barrès, écrivait des *Fleurs du Mal* : « Pour un peu, si l'on me poussait, je dirais que c'est un livre simple et ouvert à tous. » Pour se faire entendre, Barrès haussait un peu le ton. Livre simple ? À la rigueur. Ouvert à tous ? Non. Combien de gens, ne connaissant de Baudelaire que *Les Fleurs du Mal,* y découvrent encore de tout : du charme, de l'outrance, de l'affectation, du blasphème – de tout, décidément, sauf de la simplicité. Livre simple, soit, mais comme peut l'être la confession d'un poète que tout meurtrit. Et comme ce poète est un interprète systématique de la sensation, un sensualiste qui, sans trop se noircir semble-t-il, a pu s'accuser d'avoir « cultivé son hystérie avec jouissance et terreur », sa confession se révèle en fin de compte si complexe et si chargée, que la sincérité foncière n'en est pas toujours reconnue. En vérité, *Les Fleurs du Mal* ne s'ouvrent qu'à ceux qui ont le goût de Baudelaire. Je crois que Maurice Saillet a heureusement défini la situation du poète vis-à-vis du public, en disant que « le goût de Baudelaire demande non seulement une sorte d'initiation ou d'accoutumance », mais qu'il doit encore « correspondre à un besoin aussi profond, aussi irrépressible et inexplicable que celui du luxe et du risque. Si ce besoin n'existe pas, ajoute Saillet, rien ne saurait en tenir lieu ».

L'histoire même des *Fleurs du Mal* confirme cette conclusion. Beaucoup de contemporains de Baudelaire, et souvent les mieux placés pour l'apprécier, paraissent

■ Baudelaire par Nadar. « Svelte, élégant, un peu furtif, presque effrayant à cause de son attitude vaguement effrayée, hautain d'ailleurs, mais avec grâce, ayant le charme attirant du joli dans l'épouvante, l'air d'un très délicat évêque, un peu damné, qui aurait mis, pour un voyage, d'exquis habits de laïque ; Son Éminence Monseigneur Brummel. » Catulle Mendès. La ressemblance avec Edgar Poe (*cf.* p. 105) est frappante. (Collection particulière.)

s'être singulièrement mépris sur le caractère et sur l'importance de son livre. Ni Théophile Gautier ni Sainte-Beuve – que le souvenir de son Joseph Delorme aurait dû incliner à la sympathie pour l'art baudelairien – ne se sont aperçus qu'en cet ouvrage plein d'éclairs et d'éclats la poésie française venait de rencontrer le plus sensible et le plus douloureux de ses poètes. Sans doute ont-ils pris garde à la diaprure des *Fleurs,* mais ils n'en ont pas senti le parfum. Ni l'un ni l'autre n'étaient pourtant des sots, mais, auprès de Baudelaire, certainement moins savant qu'eux, ils font figure de rustres. Toute leur science, tout leur acquis, les a trouvés moins aptes que quelques jeunes gens à pénétrer la poésie de Baudelaire. Tout armés qu'ils soient, Sainte-Beuve de l'énorme masse de ses *Lundis,* Gautier du poids de quelques milliers de feuilletons, ils apparaissent plus démunis devant *Les Fleurs du Mal* que le jeune Swinburne, le jeune Mallarmé, le jeune Verlaine, que l'on voit venir à Baudelaire les mains vides mais le cœur plein.

■ Épreuve de la page de titre des *Fleurs du Mal,* corrigée et annotée par Baudelaire. La première édition des *Fleurs du Mal* est mise en vente le 21 juin 1857.

Ce livre atroce...

Le scandale du livre au moment de sa publication en 1857, puis son succès posthume, ont sans doute trahi Baudelaire. Sans doute aussi a-t-il été lui-même l'un des artisans de cette trahison, lui qui professait que l'artiste ne crée rien de valable s'il ne s'attache pas à provoquer la surprise, et qui se flattait de n'aimer pour ses ouvrages que les titres mystérieux et les titres-pétards. Mais, cela dit, il faut convenir que ses lecteurs auront un peu trop donné dans le piège de l'étonnant et du bizarre. L'éclat des *Fleurs du Mal* relègue toujours dans l'ombre les richesses des *Curiosités esthétiques*, de *L'Art romantique* ou du *Spleen de Paris*. Devant la négligence dont celles-ci restent victimes, on peut appliquer à

■ Notes de Charles Baudelaire pour son avocat, lors du procès des *Fleurs du Mal*. Le 20 août 1857, Baudelaire est condamné à verser 300 F d'amende, et ses éditeurs 100 F chacun, ainsi qu'à la suppression de six poèmes. Baudelaire a été réhabilité en mai 1949 par la Cour de cassation. (Paris, B.N.F.)

Baudelaire une prophétie de Shelley dont la résonance l'enchantait. Je sais, disait Shelley dans une ode composée au bord du golfe de Naples, « je sais que je suis de ceux que les hommes n'aiment pas, mais je suis de ceux dont ils se souviennent ! ».

Baudelaire aura partagé la disgrâce de Shelley. Les hommes se sont souvenus de lui, mais s'ils l'aimaient vraiment, ne le connaîtraient-ils pas mieux ?

Sur ses *Fleurs du Mal,* il avait envisagé de s'expliquer dans une préface à la seconde édition, où il eût dissipé le « malentendu » qui avait entraîné la condamnation de six de ses poèmes. Mais, au moment de rédiger cette préface, la vanité de toute explication l'a retenu. Il dit, dans un de ses brouillons :

« ... J'ai eu l'imprudence de lire ce matin quelques feuilles publiques ; soudain une indolence, du poids de vingt atmosphères, s'est abattue sur moi, et je me suis arrêté devant l'épouvantable inutilité d'expliquer quoi que ce soit à qui que ce soit. Ceux qui savent me devinent, et pour ceux qui ne peuvent ou ne veulent pas me comprendre, j'amoncellerais sans fruit les explications. »

Dans un autre projet de préface où s'exprime le même refus de se commenter, il mêle, à doses égales, l'ironie et l'insolence :

« "Ce livre restera sur toute votre vie comme une tache", me prédisait, dès le commencement, un de mes amis, qui est un grand poète. En effet, toutes mes mésaventures lui ont, jusqu'à présent, donné raison. Mais j'ai un de ces heureux caractères qui tirent une jouissance de la haine et qui se glorifient dans le mépris. Mon goût diaboliquement passionné de la bêtise me fait trouver des plaisirs particuliers dans les travestissements de la calomnie. Chaste comme le papier, sobre comme l'eau, porté à la dévotion comme une communiante, inoffensif comme une victime, il ne me déplairait pas de passer pour un débauché, un ivrogne, un impie et un assassin. »

Si ce sont là des vœux, quelques-uns au moins auront été exaucés. Mais, en dépit de l'incompréhen-

■ Baudelaire et *Les Fleurs du Mal,* caricature de Nadar, vers 1859. « Il m'est pénible de passer pour le Prince des Charognes. Tu n'as sans doute pas lu une foule de choses de moi, qui ne sont que musc et que roses. Après cela, tu es si fou, que tu t'es peut-être dit : je vais lui faire bien plaisir ! » Lettre de Charles Baudelaire à Nadar, 14 mai 1859. (Paris, B.N.F.)

sion à laquelle, dès ses débuts, il s'est heurté, Baude-laire n'a jamais désespéré de l'avenir de son œuvre. Dès le 9 juillet 1857, c'est-à-dire quinze jours après la mise en vente des *Fleurs du Mal,* et avant même que des poursuites n'eussent été engagées contre son livre, il écrivait à sa mère :

« Vous savez que je n'ai jamais considéré la littéra-ture et les arts que comme poursuivant un but étranger à la morale, et que la beauté de conception et de style me suffit. Mais ce livre, dont le titre : *Fleurs du Mal* dit tout, est revêtu, vous le verrez, d'une beauté sinistre et froide ; il a été fait avec fureur et patience. D'ailleurs, la preuve de sa valeur positive est dans tout le mal qu'on en dit. Le livre met les gens en fureur.

« ... On me refuse tout, l'esprit d'invention et même la connaissance de la langue française. Je me moque de tous ces imbéciles, et je sais que ce volume, avec ses qualités et ses défauts, fera son chemin dans la mémoire du public lettré, à côté des meilleures poésies de V. Hugo, de Th. Gautier et même de Byron. »

Cette conviction, aucun déboire ne l'ôtera de l'esprit de Baudelaire. Jusqu'à la fin de sa vie, il ne cessera de la signifier à sa mère, à son tuteur, à Malassis son meilleur ami :

« Mes *Fleurs du Mal* resteront. » (Lettre à Poulet-Malassis, 1er mai 1859.)

« Je suis convaincu qu'un jour viendra où tout ce que j'ai fait se vendra très bien. » (Lettre à sa mère, 11 octobre 1860.)

■ Auguste Poulet-Malassis. Éditeur de Baudelaire, il fut aussi son ami (non sans brouille) ; emprisonné pour dettes en 1862 (et surnommé alors par Baudelaire « Coco-Malperché »), il se réfugia en Belgique où il fut un réconfort pour le poète. (Paris, B.N.F.)

« Pour la première fois de ma vie, je suis presque content. Le livre [la seconde édition des *Fleurs du Mal*] est presque bien, et il restera, ce livre, comme témoignage de mon dégoût et de ma haine de toutes choses. » (Lettre à sa mère, 1er janvier 1861.)

« *Les Fleurs du Mal*... On commencera peut-être à les comprendre dans quelques années. » (Lettre à Ancelle, 18 février 1866.)

C'est dans cette lettre à Ancelle, une des dernières qu'il ait pu écrire, que le poète s'est peut-être le plus librement et le plus furieusement exprimé sur son livre. Il avait autrefois parlé des *Fleurs du Mal* à sa mère comme d'un recueil où il avait voulu « mettre quelques-unes de ses colères et de ses mélancolies » (lettre du 25 décembre 1857). Ce n'était là qu'une confidence. En février 1866, à la veille de se voir privé de l'écriture et de la parole, c'est une proclamation qu'il adresse à Ancelle, c'est le cri d'un cœur bafoué qu'il fait entendre :

« Faut-il vous dire, à vous qui ne l'avez pas plus deviné que les autres, que dans ce livre atroce j'ai mis tout mon cœur, toute ma tendresse, toute ma religion (travestie), toute ma haine ? Il est vrai que j'écrirai le contraire, que je jurerai mes grands dieux que c'est un livre d'art pur, de singerie, de jonglerie, et je mentirai comme un arracheur de dents. »

Le bon temps

Sans doute cette lettre de 1866 est-elle d'un malade gravement menacé. Mais *Les Fleurs du Mal*, écrites entre 1841 et 1857, étaient déjà sinon d'un désespéré, du moins d'un mélancolique incurable. Sans refaire ici toute la biographie de Baudelaire[1], il faut rappeler que la mort de son père, en février 1827, avait de bonne heure assombri son enfance. Baudelaire n'avait pas encore six ans. Son père, François Baudelaire, qui disparaissait à soixante-sept ans, était un retraité fort à son aise. Ancien prêtre, défroqué sous la Révolution, il avait fait carrière dans l'administration jusqu'à devenir chef de bureau à la Chambre des Pairs. En 1820, veuf et déjà père d'un garçon de quinze ans, il s'était remarié à Caroline Dufays, qui venait de coiffer sainte Catherine, et dont l'honnêteté bourgeoise et le dénuement eussent fait sans lui une vieille fille condamnée à la médiocrité. C'est de ce mariage que Charles Baudelaire était né, le 9 avril 1821.

On s'est demandé s'il ne fallait pas chercher dans la disparité d'une telle union l'origine de la névropathie du poète, de ses oscillations constantes et même des bégaiements inarticulés de sa fin. Hypothèse que rien ne peut évidemment détruire, mais qu'en tout cas ne renforce pas la fin de Claude Alphonse Baudelaire, son frère consanguin, mort hémiplégique lui aussi, quoique né d'époux mieux assortis.

Le souvenir du père dont il avait été si tôt privé devait toujours hanter Baudelaire. Pendant la moitié de son existence, et malgré de continuels changements de domicile, il en gardera près de lui un portrait dû au pinceau de Regnault. Sous le règne de Charles X, François Baudelaire restait un personnage du XVIIIe siècle, un disciple des philosophes qu'il avait fréquentés jadis à Auteuil chez Mme Helvétius et dont l'influence l'avait alors peut-être détourné de l'Église. Car François

■ *Pages suivantes :*
Paysage d'Italie,
gouache de
François Baudelaire
(vers 1820).
Baudelaire est resté
très attaché aux
œuvres picturales
de son père, tout
en reconnaissant
leur faible valeur
artistique.
(Collection
particulière.)

1. On la trouvera résumée dans la chronologie placée à la fin de ce volume.

Baudelaire, à vingt-trois ou vingt-quatre ans, avait été ordonné prêtre. Mais à l'époque de la Révolution, il ne portait déjà plus la soutane. Précepteur des enfants du duc de Choiseul-Praslin, il avait refusé une cure en Champagne en 1791. Les arts en général, la peinture en particulier, l'avaient distrait de la religion. Sa première femme, épousée en 1797, morte en 1814, peignait, en amateur. Lui-même avait signé quelques toiles. Elles ornaient les murs de la petite maison à tourelle qu'il habitait rue Hautefeuille. Il avait également dessiné tout un album de « leçons de choses » dont, sexagénaire, il se servait pour illustrer les premiers éléments de latin qu'il s'efforçait d'inculquer à son petit garçon.

Que valaient les peintures de François Baudelaire ? Pas grand-chose, a dit le poète. Mais si médiocres que fussent ces tableaux, Charles Baudelaire avait pour eux un attachement sentimental. En 1857, il s'émeut d'en découvrir un, en vente chez un brocanteur. D'où cette lettre à sa mère, conçue en termes de reproche :

« J'ai une petite chose désagréable à vous apprendre, et je vous l'aurais volontiers cachée, si elle n'était pas l'indice que d'autres erreurs semblables ont pu être commises. Il y a quelques mois, j'ai découvert chez un marchand du passage des Panoramas un tableau de mon père (une figure nue, une femme couchée voyant deux figures nues en rêve). Je n'avais pas du tout d'argent, pas même pour donner des arrhes, et le torrent insupportable des futilités journalières m'a depuis fait négliger cela. Croyez-vous que plusieurs bévues de ce genre aient été commises ? Mon père était un détestable artiste ; mais toutes ces vieilleries-là ont une valeur morale. » (30 décembre 1857.)

Apparemment, Caroline Dufays ne réservait pas à la mémoire de son premier époux la même dévotion que son fils. À peine écoulé le temps de deuil qu'imposaient les convenances, elle avait convolé en 1828 avec un fringant officier, le commandant Aupick, qui, celui-là, n'avait que quatre ans de plus qu'elle. Nul doute que ce rapide remariage ne soit confusément apparu au petit

Charles comme une sorte de désastre, nul doute qu'il ne l'ait ressenti plus tard comme une tragique infidélité. On trouve dans *Les Fleurs du Mal* deux poèmes composés par Baudelaire vers sa vingtième année, et qui montrent le souvenir vivace qu'il avait conservé des premiers mois de deuil, vécus entre sa mère et Mariette, sa servante. Au cours de l'été 1827, Mme Baudelaire, veuve depuis le mois de février, avait avec son fils émigré pour quelques semaines aux confins des Ternes et de Neuilly, dans une petite maison champêtre, près du bois de Boulogne.

C'est cette petite maison et c'est Mariette que l'on retrouve dans ces deux pièces des *Fleurs du Mal,* qui, par exception, ne portent pas de titres :

Je n'ai pas oublié, voisine de la ville,
Notre blanche maison, petite mais tranquille ;
Sa Pomone de plâtre et sa vieille Vénus
Dans un bosquet chétif cachant leurs membres nus,
Et le soleil, le soir, ruisselant et superbe,
Qui, derrière la vitre où se brisait sa gerbe,
Semblait, grand œil ouvert dans le ciel curieux,
Contempler nos dîners longs et silencieux,
Répandant largement ses beaux reflets de cierge
Sur la nappe frugale et les rideaux de serge.

La servante au grand cœur dont vous étiez jalouse
Et qui dort son sommeil sous une humble pelouse,
Nous devrions pourtant lui porter quelques fleurs.
Les morts, les pauvres morts, ont de grandes douleurs,
Et quand Octobre souffle, émondeur des vieux
                                        [arbres,
Son vent mélancolique à l'entour de leurs marbres,
Certes, ils doivent trouver les vivants bien ingrats,
De dormir, comme ils font, chaudement dans leurs
                                        [draps,
Tandis que, dévorés de noires songeries,
Sans compagnon de lit, sans bonnes causeries,
Vieux squelettes rongés travaillés par le ver,
Ils sentent s'égoutter les neiges de l'hiver

■ *Portrait de François Baudelaire,* par Jean-Baptiste Regnault. Lorsqu'il épouse, à 60 ans, Caroline Archimbaut-Dufays, qui en a 26, François Baudelaire (1759-1827) est à la retraite et ne veut plus être que « peintre ». (Collection particulière.)

Et le siècle couler, sans qu'amis ni famille
Remplacent les lambeaux qui pendent à leur grille.

Lorsque la bûche siffle et chante, si le soir,
Calme, dans le fauteuil je la voyais s'asseoir,
Si, par une nuit bleue et froide de décembre,
Je la trouvais tapie en un coin de ma chambre,
Grave, et venant du fond de son lit éternel
Couver l'enfant grandi de son œil maternel,
Que pourrais-je répondre à cette âme pieuse,
Voyant tomber des pleurs de sa paupière creuse ?

Dans cette évocation de jours quiets mais endoloris, dans ce rappel de dîners longs et silencieux, dans l'accusation d'ingratitude que Baudelaire feint de s'adresser envers des morts qu'il n'oublie pourtant pas, il serait difficile de ne pas deviner le grief qu'il fait à sa mère de n'avoir pas montré le même attachement et d'avoir distrait, au bénéfice d'un intrus, une part de son amour.

Longtemps plus tard, en 1858, signalant à sa mère redevenue veuve les deux poèmes qu'on vient de lire, il s'étonnera qu'elle ne lui en ait rien dit :

« Vous n'avez donc pas remarqué qu'il y avait dans *Les Fleurs du Mal* deux pièces vous concernant, ou du moins allusionnelles à des détails intimes de notre ancienne vie, de cette époque de veuvage qui m'a laissé de singuliers et tristes souvenirs – l'une : *Je n'ai pas oublié, voisine de la ville...* (Neuilly), et l'autre qui suit : *La servante au grand cœur dont vous étiez jalouse...* (Mariette) ? J'ai laissé ces pièces sans titres et sans indications claires, parce que j'ai horreur de prostituer les choses intimes de famille. » (Lettre du 11 janvier 1858.)

Plus tard encore, ayant renoué avec sa mère des liens vraiment affectueux et retrouvé, pour lui parler, le tutoiement, il lui enverra ces lignes à la fois tendres et déchirantes :

« Qui sait si je pourrai une fois encore t'ouvrir toute mon âme, que tu n'as jamais appréciée ni connue ! J'écris cela sans hésitation, tant je sais que c'est vrai.

« Il y a eu dans mon enfance une époque d'amour passionné pour toi ; écoute et lis sans peur.

■ *En médaillon :* Charles Baudelaire collégien (vers 1833). Charles Baudelaire entre au Collège royal de Lyon (où le lieutenant-colonel Aupick a maté la révolte des canuts) en 1833 ; il y restera jusqu'en mars 1836, entrera au collège Louis-le-Grand à Paris, d'où il sera exclu en 1839. (Paris, B.N.F.)

LE BON TEMPS Je ne t'en ai jamais tant dit. Je me souviens d'une promenade en fiacre ; tu sortais d'une maison de santé où tu avais été reléguée, et tu me montras, pour me prouver que tu avais pensé à ton fils, des dessins à la plume que tu avais faits pour moi. Crois-tu que j'aie une mémoire terrible ? Plus tard, la place Saint-André-des-Arts et Neuilly. De longues promenades, des tendresses perpétuelles ! Je me souviens des quais, qui étaient si tristes le soir. Ah ! ç'a été pour moi le bon temps des tendresses maternelles. Je te demande pardon d'appeler bon temps celui qui a été sans doute mauvais pour toi. Mais j'étais toujours vivant en toi ; tu étais uniquement à moi. Tu étais à la fois une idole et un camarade. Tu seras peut-être étonnée que je puisse parler avec passion d'un temps si reculé. Moi-même j'en suis étonné. C'est peut-être parce que j'ai conçu, une fois encore, le désir de la mort, que les choses anciennes se peignent si vivement dans mon esprit. » (Lettre du 6 mai 1861.)

Ma vie a été damnée...

En fait, les choses anciennes, et plus particulièrement les choses de la petite enfance, avaient souvent gardé, dans l'esprit de Baudelaire, les couleurs vives sous lesquelles elles lui étaient d'abord apparues. Faut-il voir là, comme il nous y invite, le privilège d'une âme tentée par la mort ? C'est possible, car la mort lui a souvent semblé le seul remède qui pût le délivrer de ses misères. En tout cas, les impressions de sa première enfance l'ont fréquemment inspiré, que ce soit dans ses vers, dans ses poèmes en prose ou dans sa *Morale du joujou,* que nous aurons l'occasion de citer. En revanche, le souvenir des premières années passées dans le ménage Aupick l'aura infiniment moins habité. Baudelaire ne devait en retenir, semble-t-il, que le déplaisir de s'être vu doter d'un beau-père. On connaît l'anecdote selon laquelle il aurait, le soir des secondes noces de sa mère, lancé par la fenêtre la clef de la chambre conjugale : elle est probablement fausse, mais ses amis la tenaient de lui, et c'est à cette invention sarcastique que se

■ Vue du quai du Rhône à Lyon (1831), gravure anonyme. (Paris, B.N.F.)

réduit tout ce qu'il nous a transmis sur son enfance au foyer d'Aupick.

De ses années d'internat dans des collèges, à Lyon, puis à Paris, il n'a pas non plus parlé beaucoup, mais le peu qu'il en a dit révèle qu'il n'en avait pas gardé un heureux souvenir. Il a écrit dans une note autobiographique :

« Après 1830, le collège de Lyon, coups, batailles avec les professeurs et les camarades, lourdes mélancolies. »

À dix-huit ans, ayant obtenu son diplôme de bachelier, il entre en conflit avec les siens. Aupick, maintenant général, voudrait qu'il s'acheminât vers la carrière diplomatique. Baudelaire affirme hautement sa volonté d'être et de n'être qu'écrivain. Évoquant ce désaccord, Mme Aupick devait confesser en 1868 à Charles Asselineau, qui colligeait alors les œuvres de son ami disparu : « Quelle stupéfaction pour nous, quand Charles s'est refusé à tout ce qu'on voulait faire pour lui, a voulu voler de ses propres ailes et être auteur ! Quel désenchantement dans notre vie d'intérieur si heureuse jusque-là ! Quel chagrin !... »

Sans s'en apercevoir, Mme Aupick soulignait ce jour-là le caractère autobiographique du poème sur lequel, après les vers « au lecteur », s'ouvre le recueil des *Fleurs du Mal* :

BÉNÉDICTION

Lorsque, par un décret des puissances suprêmes,
Le Poète apparaît en ce monde ennuyé,
Sa mère épouvantée et pleine de blasphèmes
Crispe ses poings vers Dieu, qui la prend en pitié :

« – Ah ! que n'ai-je mis bas tout un nœud de vipères,
Plutôt que de nourrir cette dérision !
Maudite soit la nuit aux plaisirs éphémères
Où mon ventre a conçu mon expiation !

Puisque tu m'as choisie entre toutes les femmes
Pour être le.dégoût de mon triste mari,

Et que je ne puis pas rejeter dans les flammes,
Comme un billet d'amour, ce monstre rabougri,

Je ferai rejaillir ta haine qui m'accable
Sur l'instrument maudit de tes méchancetés,
Et je tordrai si bien cet arbre misérable,
Qu'il ne pourra pousser ses boutons empestés ! »

Elle ravale ainsi l'écume de sa haine,
Et, ne comprenant pas les desseins éternels,
Elle-même prépare au fond de la Géhenne
Les bûchers consacrés aux crimes maternels.

Pourtant, sous la tutelle invisible d'un Ange,
L'Enfant déshérité s'enivre de soleil,
Et dans tout ce qu'il boit et dans tout ce qu'il mange
Retrouve l'ambroisie et le nectar vermeil.

Il joue avec le vent, cause avec le nuage
Et s'enivre en chantant du chemin de la croix ;
Et l'Esprit qui le suit dans son pèlerinage
Pleure de le voir gai comme un oiseau des bois.

Tous ceux qu'il veut aimer l'observent avec crainte,
Ou bien, s'enhardissant de sa tranquillité,
Cherchent à qui saura lui tirer une plainte,
Et font sur lui l'essai de leur férocité.

Dans le pain et le vin destinés à sa bouche
Ils mêlent de la cendre avec d'impurs crachats ;
Avec hypocrisie ils jettent ce qu'il touche,
Et s'accusent d'avoir mis leurs pieds dans ses pas.

Sa femme va criant sur les places publiques :
« – Puisqu'il me trouve assez belle pour m'adorer,
Je ferai le métier des idoles antiques,
Et comme elles je veux me faire redorer ;

Et je me soûlerai de nard, d'encens, de myrrhe
De génuflexions, de viandes et de vins,
Pour savoir si je puis dans un cœur qui m'admire
Usurper en riant les hommages divins !

Et, quand je m'ennuîrai de ces farces impies,
Je poserai sur lui ma frêle et forte main ;
Et mes ongles, pareils aux ongles des harpies,
Sauront jusqu'à son cœur se frayer un chemin.

Comme un tout jeune oiseau qui tremble et qui
                                        [palpite,
J'arracherai ce cœur tout rouge de son sein,
Et, pour rassasier ma bête favorite,
Je le lui jetterai par terre avec dédain ! »

Vers le Ciel, où son œil voit un trône splendide,
Le Poète serein lève ses bras pieux,
Et les vastes éclairs de son esprit lucide
Lui dérobent l'aspect des peuples furieux :

« – Soyez béni, mon Dieu, qui donnez la souffrance
Comme un divin remède à nos impuretés
Et comme la meilleure et la plus pure essence
Qui prépare les forts aux saintes voluptés !

Je sais que vous gardez une place au Poète
Dans les rangs bienheureux des saintes Légions,
Et que vous l'invitez à l'éternelle fête
Des Trônes, des Vertus, des Dominations.

Je sais que la douleur est la noblesse unique
Où ne mordront jamais la terre et les enfers,
Et qu'il faut pour tresser ma couronne mystique
Imposer tous les temps et tous les univers.

Mais les bijoux perdus de l'antique Palmyre,
Les métaux inconnus, les perles de la mer,
Par votre main montés, ne pourraient pas suffire
À ce beau diadème éblouissant et clair ;

Car il ne sera fait que de pure lumière,
Puisée au foyer saint des rayons primitifs,
Et dont les yeux mortels, dans leur splendeur entière,
Ne sont que des miroirs obscurcis et plaintifs ! »

Aucune méprise n'est possible : dans ce poète maudit, tout idéalisé qu'il soit, Baudelaire nous presse de le

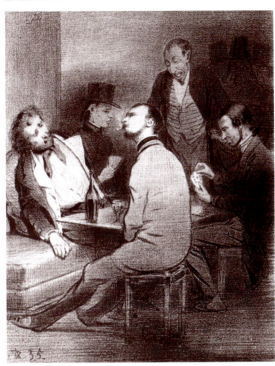

■ *Une soirée
au Divan,* gravure.
Baudelaire – par
horreur de la vie de
travail – mène une
existence libre et
débauchée.
Aupick, maintenant
général, voit pour
son beau-fils « un
long voyage sur
mer, aux unes et
autres Indes », afin
de le soustraire aux
« égouts de Paris ».
(Paris, bibliothèque
du musée des Arts
décoratifs.)

reconnaître. La place même qu'il lui réserve, au seuil de
son livre, indique que c'est ce poète-là qui va se confesser dans *Les Fleurs du Mal.* Car, pour Baudelaire, le
Poète, le poète anonyme, n'est pas nécessairement
damné. Dans une lettre du 21 janvier 1856 à Alphonse
Toussenel, il a écrit : « Il y a bien longtemps que je dis
que le poète est "souverainement" intelligent, qu'il est
"l'intelligence" par excellence. » L'intelligence n'est pas
à tout coup liée au malheur. Ce n'est pas un poète
maudit que Banville, en qui Baudelaire salue un lyrique
dont « la poésie représente les belles heures de la vie,
c'est-à-dire les heures où l'on se sent heureux de penser
et de vivre ». La malédiction qu'il dénonce, il la ressent
comme un déni de justice personnel et définitif. Il l'a
dit expressément dans une lettre à sa mère :

« Je crois que ma vie a été damnée dès le commencement, et qu'elle l'est pour toujours. » (Lettre du 4 décembre 1854.)

À l'époque où il s'exprimait ainsi, Baudelaire avait trente-trois ans. Depuis quand s'était imposé à lui le sentiment que sa condition ne pouvait qu'être tragique ? À ne s'en rapporter qu'à ses journaux intimes, on pourrait croire qu'il l'avait éprouvé dès son adolescence. En réalité, le malheur, s'il l'avait frappé dès sa sixième année en lui ôtant un père dont il a toujours chéri la mémoire, ne s'est vraiment installé dans sa vie qu'aux environs de ses vingt ans, et encore ne s'est-il pas laissé identifier immédiatement par sa victime. Le « goût très vif de la vie et du plaisir » que Baudelaire rappelle dans *Mon cœur mis à nu* lui fait adopter à la sortie du collège un style de vie qui choque et alarme sa famille. Il partage inégalement son temps entre les bibliothèques, les musées, les amitiés littéraires et les filles. Ses fréquentations d'écrivains et d'artistes ne semblent pas moins contrarier le ménage Aupick que les nuits qu'il passe en compagnie de femmes trop faciles. Pour arracher le jeune homme à cette débauche de l'intelligence et des sens, un conseil de famille décide de l'éloigner de Paris pour plusieurs mois. Le 9 juin 1841, Baudelaire s'embarque à Bordeaux sur le *Paquebot-des-Mers-du-Sud* qui le conduira jusqu'à l'île Maurice et à l'île Bourbon, d'où, faussant compagnie au capitaine à qui on l'avait confié, il repartira dès le mois d'octobre pour se retrouver à Paris en 1842, après être allé, semble-t-il, jusqu'à Colombo et Calcutta.

C'est aux souvenirs de ce voyage forcé que *Les Fleurs du Mal* se trouvent redevables de quelques poèmes que distingue leur exotisme (*La Vie antérieure, Parfum exotique, À une Dame créole, Bien loin d'ici, À une Malabaraise*) et de nombreuses images éparses dans les pièces où est évoquée la mer.

Banville, rapportant des propos de Baudelaire, a raconté que « dans un pays d'Afrique », le poète « logé chez une famille à qui ses parents l'avaient adressé,

■ *Cascade de la rivière des Roches dans l'île Bourbon,* lithographie d'après Patu de Rosemont. Baudelaire s'embarque à Bordeaux le 9 juin 1841 à destination de Calcutta ; en septembre, à l'île Bourbon (Saint-Denis-de-la-Réunion), Baudelaire refuse d'aller plus loin ; l'*Alcide* le ramène en France en novembre. (Versailles, collection particulière.)

n'avait pas tardé à être ennuyé par l'esprit banal de ses hôtes, et s'en était allé vivre seul sur une montagne, avec une toute jeune et grande fille de couleur qui ne savait pas de français, et qui lui cuisait des ragoûts étrangement pimentés dans un grand chaudron de cuivre poli, autour duquel hurlaient et dansaient de petits négrillons nus. Ah ! ces ragoûts, comme il les racontait bien, et comme on en aurait volontiers mangé ! ». Peut-être Baudelaire corrigeait-il quelque peu la vérité pour charmer ses amis. Néanmoins il est exact qu'il connut à l'île Maurice, chez M. Autard de Bragard, une jeune Malabaraise, fille d'une Indienne de Bénarès et sœur de lait de la maîtresse de maison. C'est pour Mme Autard de Bragard que fut écrit à l'île Bourbon, en octobre 1841, le sonnet *À une Dame créole,* qui, en 1857, prenait place dans *Les Fleurs du Mal,* mais qui

n'est qu'une pièce de circonstance et un compliment agréablement tourné. Moins réussi, alourdi de chevilles et souvent gâté par ce que Baudelaire appelait le « style enfantin », le poème *À une Malabaraise,* qui n'a été admis dans *Les Fleurs du Mal* qu'après la mort de son auteur, intéresse davantage la biographie du poète :

À UNE MALABARAISE

Tes pieds sont aussi fins que tes mains, et ta hanche
Est large à faire envie à la plus belle blanche ;
À l'artiste pensif ton corps est doux et cher ;
Tes grands yeux de velours sont plus noirs que ta
[chair.
Aux pays chauds et bleus où ton dieu t'a fait naître,
Ta tâche est d'allumer la pipe de ton maître,
De pourvoir les flacons d'eaux fraîches et d'odeurs,
De chasser loin du lit les moustiques rôdeurs,
Et, dès que le matin fait chanter les platanes,
D'acheter au bazar ananas et bananes.
Tout le jour, où tu veux, tu mènes tes pieds nus,
Et fredonnes tout bas de vieux airs inconnus ;
Et quand descend le soir au manteau d'écarlate,
Tu poses doucement ton corps sur une natte,
Où tes rêves flottants sont pleins de colibris,
Et toujours, comme toi, gracieux et fleuris.

Pourquoi, l'heureuse enfant, veux-tu voir notre
[France,
Ce pays trop peuplé que fauche la souffrance,
Et, confiant ta vie aux bras forts des marins,
Faire de grands adieux à tes chers tamarins ?
Toi, vêtue à moitié de mousselines frêles,
Frissonnante là-bas sous la neige et les grêles,
Comme tu pleurerais tes loisirs doux et francs,
Si, le corset brutal emprisonnant tes flancs,
Il te fallait glaner ton souper dans nos fanges
Et vendre le parfum de tes charmes étranges,
L'œil pensif, et suivant, dans nos sales brouillards,
Des cocotiers absents les fantômes épars !

La distance n'a pas estompé l'image de la Malabaraise. Le temps non plus. C'est elle encore qu'on
retrouve dans deux pièces de Baudelaire d'une composition assez tardive : le sonnet inversé intitulé *Bien loin
d'ici,* et un poème en prose, *La Belle Dorothée,* où elle
intervient armée de tous ses charmes :

« Elle s'avance, balançant mollement son torse si
mince sur ses hanches si larges. Sa robe de soie col-
lante, d'un ton clair et rose, tranche vivement sur les
ténèbres de sa peau et moule exactement sa taille
longue, son dos creux et sa gorge pointue.

« Son ombrelle rouge, tamisant la lumière, projette
sur son visage sombre le fard sanglant de ses reflets.

« Le poids de son énorme chevelure presque bleue
tire en arrière sa tête délicate et lui donne un air triomphant et paresseux. De lourdes pendeloques gazouil-
lent secrètement à ses mignonnes oreilles.

« De temps en temps la brise de mer soulève par le
coin sa jupe flottante et montre sa jambe luisante et
superbe ; et son pied, pareil aux pieds des déesses de
marbre que l'Europe enferme dans ses musées,
imprime fidèlement sa forme sur le sable fin. Car Dorothée est si prodigieusement coquette, que le plaisir
d'être admirée l'emporte chez elle sur l'orgueil de
l'affranchie, et, bien qu'elle soit libre, elle marche sans
souliers. »

Si ce portrait de Dorothée est fidèle, on peut supposer que le souvenir de la belle Malabaraise n'aura pas
été étranger à l'obsession qu'a connue Baudelaire d'un
certain type féminin. Les traits qu'il prête à Dorothée
ne sont pas fort différents de ceux qui, peu après son
retour à Paris, en 1842, vont le séduire en Jeanne
Duval. Mais nous aurons l'occasion de reparler de cette
mulâtresse, qui fut, on le sait, la seule maîtresse à qui le
poète ait été longuement attaché.

SAMUEL CRAMER À TABLE

Quand il rentre de l'île Bourbon, Baudelaire va atteindre sa majorité. De nouvelles amitiés littéraires l'occupent. C'est à cette époque qu'il se lie avec Théophile Gautier, qui a dix ans de plus que lui, avec Théodore de Banville, de deux ans son cadet. Il réclame à sa famille sa part de l'héritage paternel, que l'on a évaluée à une centaine de mille francs, c'est-à-dire environ vingt millions de nos francs-1952. Somme considérable en un temps où le machinisme n'avait pas encore suscité et développé tous les besoins et toutes les tentations qu'éprouve l'homme du XXe siècle.

Sachant la prodigalité de Baudelaire, le ménage Aupick diffère sans cesse la remise de ses comptes de tutelle. L'héritier, qui s'est déjà endetté, s'endette davantage. Le dandysme qu'il entend pratiquer coûte cher, car il exige, en toutes choses, la recherche de la perfection. Baudelaire dandy ne veut que des vêtements coupés sur ses indications, selon des conceptions qu'il a mûries : un habit bleu à boutons de métal dont un portrait de Goethe lui a fourni le modèle, un habit noir court de basques et aux revers très évasés, un justaucorps en velours, de taille très svelte, un pantalon de casimir très flottant alors que la mode impose, au contraire, des pantalons collants. Il fait recouvrir de maroquin par les meilleurs relieurs les livres qui lui plaisent. La même volonté de distinction gouverne l'ordonnance de sa table ; un dandy ne peut qu'être gourmet, comme l'est l'amant de la Fanfarlo, Samuel Cramer, en qui Baudelaire s'est diverti à nous présenter sa propre caricature :

« Samuel et la Fanfarlo avaient exactement les mêmes idées sur la cuisine et le système d'alimentation nécessaire aux créatures d'élite. Les viandes niaises, les poissons fades étaient exclus des soupers de cette sirène. Le champagne déshonorait rarement sa table. Les bordeaux les plus célèbres et les plus parfumés

■ *Portrait de Charles Baudelaire* par Émile Deroy. Asselineau le décrit en ces termes : « La physionomie est inquiète ou plutôt inquiétante ; les yeux sont grands ouverts, les prunelles directes, les sourcils exhaussés ; les lèvres exsufflent, la bouche va parler ; une barbe vierge, drue et fine, frisotte à l'entour du menton et des joues. » (Musée national du château de Versailles.)

cédaient le pas au bataillon lourd et serré des bourgognes, des vins d'Auvergne, d'Anjou et du Midi, et des vins étrangers, allemands, grecs, espagnols. Samuel avait coutume de dire qu'un verre de vrai vin devait ressembler à une grappe de raisin noir, et qu'il y avait dedans autant à manger qu'à boire. – La Fanfarlo aimait les viandes qui saignent et les vins qui charrient l'ivresse. – Du reste, elle ne se grisait jamais. – Tous deux professaient une estime sincère et profonde pour la truffe. – La truffe, cette végétation sourde et mystérieuse de Cybèle, cette maladie savoureuse qu'elle a cachée dans ses entrailles plus longtemps que le métal le plus précieux, cette exquise matière qui défie la science de l'agromane, comme l'or celle des Paracelse ; la truffe, qui fait la distinction du

La Fanfarlo

monde ancien et du moderne, et qui, avant un verre de chio, a l'effet de plusieurs zéros après un chiffre.

« Quant à la question des sauces, ragoûts et assaisonnements, question grave et qui demanderait un chapitre grave comme un feuilleton de science, je puis vous affirmer qu'ils étaient parfaitement d'accord, surtout sur la nécessité d'appeler toute la pharmacie de la nature au secours de la cuisine. Piments, poudres anglaises, safraniques, substances coloniales, poussières exotiques, tout leur eût semblé bon, voire le musc et l'encens. Si Cléopâtre vivait encore, je tiens pour certain qu'elle eût voulu accommoder les filets de bœuf ou de chevreuil avec des parfums d'Arabie. Certes, il est à déplorer que les "cordons bleus" d'à présent ne soient pas contraints par une loi particulière et voluptuaire à connaître les propriétés chimiques des matières, et ne sachent pas découvrir, pour les cas nécessaires, comme celui d'une fête amoureuse, des éléments culinaires presque inflammables, prompts à parcourir le système organique, comme l'acide prussique, à se volatiliser comme l'éther. »

Sans doute, répétons-le, cette présentation de Samuel Cramer outre-t-elle les traits qu'elle emprunte à Baudelaire : celui-ci, que l'on sache, n'a jamais brigué l'honneur d'être un nouvel Apicius. Du moins, elle fait professer par Cramer, dans sa recherche des plaisirs de la table, un épicurisme qu'aucun vrai dandy ne saurait désavouer.

Banville a dit quelle éloquence Baudelaire pouvait dépenser dans son évocation des ragoûts apprêtés pour lui par la belle Malabaraise. En plusieurs endroits de sa correspondance, on surprend notre auteur dispensant des conseils de bouche à des personnes qu'il entend servir. À Vigny, que fait souffrir un estomac fort délabré, il recommandera la cuisine d'un des meilleurs pâtissiers de Paris :

« Un de mes amis m'a dit que Guerre, le pâtissier anglais dont la maison fait le coin de la rue de Castiglione et de la rue de Rivoli, fait des gelées de viande

■ *La Fanfarlo*, dessins de Baudelaire. La Fanfarlo (titre d'une nouvelle publiée en 1847) est une « danseuse aussi bête que belle » ; Samuel Cramer, son amant, « une créature maladive et fantastique », « l'un des derniers romantiques ». (Collection particulière.)

combinées avec un vin très chaud, Madère ou Xérès sans doute, que les estomacs les plus désolés digèrent facilement et avec plaisir ! C'est une espèce de confiture de viande au vin, plus substantielle et nourrissante qu'un repas composé. » (Lettre de février 1862.)

Le même Vigny recevra de Baudelaire des conseils sur le choix de la bière :

« On s'oublie si bien à côté de vous, Monsieur, que j'ai négligé hier de vous parler de la bonne ale et de la mauvaise ale. Puisque vous voulez essayer de ce régime, défiez-vous comme de la peste (ce n'est point exagérer ; j'en ai été malade) de toute bouteille portant l'étiquette "Harris". C'est un affreux empoisonneur.

« Bien qu'"Allsopp" et "Bass" soient de bons fabricants ("Bass" surtout), il faut bien se défier de même de leurs étiquettes, parce qu'il doit exister des contrefacteurs. Le plus raisonnable est de vous adresser à l'un des deux endroits honnêtes que je vais vous indiquer et de prendre leur ale, de confiance. » (Lettre non datée, fin janvier 1862.)

On le verra offrir à Sainte-Beuve du pain d'épices et un amical commentaire sur le pain d'épices :

« Il y a peu de jours, mais alors par pur besoin de vous voir, comme Antée avait besoin de la Terre, je suis allé rue Montparnasse. En route, je passai devant une boutique de pain d'épices, et l'idée fixe me prit que vous deviez aimer le pain d'épices. Notez que rien n'est meilleur dans le vin, au dessert ; et je sentais que j'allais tomber chez vous au moment du dîner. J'espère bien que vous n'aurez pas pris ce morceau de pain d'épices, incrusté d'angélique, pour une plaisanterie de polisson ; et que vous l'aurez mangé avec simplicité.

« Si vous partagez mon goût, je vous recommande, quand vous en trouverez, le pain d'épices anglais très épais, très noir, tellement serré qu'il n'a pas de trous ni de pores, très chargé d'anis et de gingembre. On le coupe en tranches aussi minces que le roastbeef, et on peut étaler dessus du beurre ou des confitures. » (Lettre du 1er juillet 1860.)

■ Le pont Marie, photographié par Charles Marville. L'auteur des *Tableaux parisiens* et du *Spleen de Paris* est un véritable « piéton de Paris »... Combien de fois a-t-il traversé le pont Marie ? (Paris, Bibl. historique de la Ville de Paris.)

Les premières humiliations

Mais ce pain d'épices n'est qu'un cadeau de Baudelaire pauvre. En 1842, il se sent riche. Il traite magnifiquement ses amis. Il leur ouvre sa bourse, que garnissent les usuriers quand il a épuisé la mensualité que lui sert sa famille, peu pressée de le mettre en possession d'un capital dont elle craint le gaspillage. Nadar, qui fréquenta de bonne heure le poète, se plaisait à en rappeler la générosité : « Baudelaire à vingt ans, disait-il, vivait selon la devise des Ravenswood : la main ouverte. »

Cette prodigalité s'exerce évidemment hors du foyer des Aupick, que Baudelaire a déserté peu après son retour de voyage. En juin 1842, il emménage dans un immeuble de l'île Saint-Louis, 10 quai de Béthune (aujourd'hui 22), où il a loué, au rez-de-chaussée, une chambre unique, vaste et haute. Il n'y restera que quelques mois, au plus. En avril 1843, il habite un autre rez-de-chaussée, rue Vaneau. En octobre 1843, il retourne dans l'île Saint-Louis pour s'établir au 17 quai d'Anjou, dans un des

appartements de l'hôtel de Pimodan, ancienne résidence de Lauzun, devenu depuis trois ans la propriété du baron Jérôme Pichon. Trois domiciles en seize mois, et sans doute d'autres encore, car sa biographie pour ces années-là n'est pas sans lacunes. Son bohémianisme ne lui permet de se fixer nulle part. Il l'a confessé dans *Mon cœur mis à nu,* en se promettant de l'analyser :

« Étude de la grande maladie de l'horreur du domicile. Raisons de la maladie. Accroissement progressif de la maladie. »

Mais cette analyse, Baudelaire ne l'écrira pas, car il change de projets littéraires aussi souvent que de résidence. Dans sa vie comme dans son œuvre, il se montre vagabond ; c'est un personnage vulgivague. Rien de plus éloigné de ses aptitudes que l'art de faire carrière. Même quand la raison et l'intérêt le plus pressant l'engagent à prendre un parti et à s'y tenir, rien qui le rebute davantage que le définitif. Le définitif, il le redoute comme une condamnation ; le définitif, n'est-ce pas déjà la mort ?

On est loin de connaître complètement les premières productions de Baudelaire. On sait qu'en 1843 il collabore avec Prarond, jeune auteur de son âge, à un drame en vers, *Idéolus,* qui ne sera jamais terminé. Il propose au *Tintamarre* et à *La Démocratie pacifique* des articles que leur audace dans la satire fait refuser. Il prend part à la confection d'un petit ouvrage anonyme, les *Mystères galans des théâtres de Paris,* ramassis de nouvelles à la main et d'échos malicieux, qui lui vaudra bientôt d'être en délicatesse avec un de ses créanciers, le trafiquant Arondel, et avec le baron Pichon, dont il est à l'hôtel de Pimodan le locataire.

Mais ce n'est là que littérature de rencontre, à laquelle il n'attache guère d'importance. Ce qui lui tient à cœur c'est sa poésie, qu'il ne soumet encore ni aux revues ni aux journaux. À la fin de 1843, il se trouve pourtant avoir écrit déjà une quinzaine des poèmes qui entreront plus tard dans *Les Fleurs du Mal,* mais il se contente de les lire à ses amis. Il les réserve pour le recueil de vers qu'il médite et qui doit le faire « entrer dans la postérité comme un boulet de canon ».

En attendant, l'argent lui coule entre les doigts, et à un tel débit que sa famille craint que la fortune héritée de son père ne soit sous peu entièrement hypothéquée. Il songe à se procurer des revenus supplémentaires en composant des romans. Il écrit à sa mère, vers le début de l'année 1844 :

« Je puis t'affirmer que quand j'aurai fait un ou deux romans, je sais où les vendre. Deux mois de travail suffisent. Un roman de dix feuilletons vaut – terme moyen – 500 francs, – un roman de dix feuilles pour une revue, 1 000. »

Mais peu importe la somme qu'il pourrait tirer d'un roman, puisqu'en fin de compte il mourra sans en avoir publié, et sans doute sans même avoir jamais écrit cet *Homme aux Ruysdaels,* dont vers 1846 il annonçait pourtant la publication prochaine dans un journal. En réalité, dans le domaine de la fiction, il lui est impossible d'aller au-delà de la nouvelle, et encore semble-t-il s'y trouver mal à l'aise. Son génie n'est nullement celui d'un créateur, capable d'insuffler la vie à de multiples personnages. On ne saurait imaginer d'auteur plus subjectif que lui. Il ne traduira Poe que parce qu'il se sera reconnu dans le poète de Baltimore. Si, entre tous les artistes qui ont retenu son attention, Constantin Guys est celui qu'il servira le mieux, sans doute faut-il en chercher la raison dans un curieux cousinage spirituel et esthétique : ses propres dessins auraient pu être des croquis de Guys, et les sujets de Guys ceux que Baudelaire dessinateur eût lui-même choisi de traiter.

Quoi qu'il en soit, faute de pouvoir tirer de sa plume les ressources qu'exige son mode de vie, Baudelaire en 1844, continue de dissiper, en s'endettant, le patrimoine que sa famille s'efforce de lui conserver. La vigilance maternelle l'exaspère :

« Il me semble, écrit-il à sa mère, que tu as fait œuvre de pauvre goût en envoyant un ami ou un domestique déguisé recommander à un restaurant de ne pas me

■ *Femmes d'Alger dans leur appartement,* par Eugène Delacroix, 1834. « Ce petit poème d'intérieur [...] exhale je ne sais quel haut parfum de mauvais lieu qui nous guide assez vite vers les limbes insondés de la tristesse. » Charles Baudelaire, *Salon de 1846, IV Eugène Delacroix.* (Paris, musée du Louvre.)

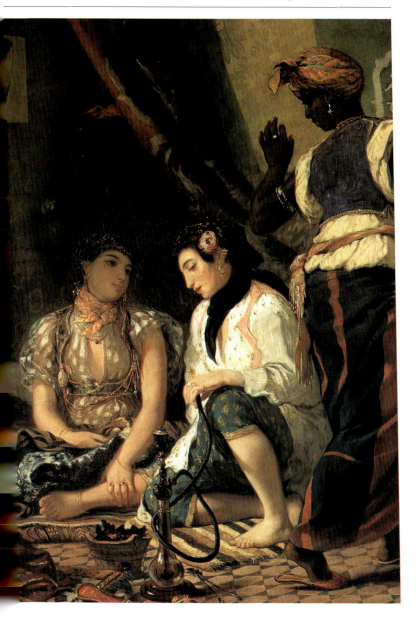

faire de longs crédits. Épargne-moi cette tutelle... »
(Lettre du 3 mars 1844.)

Or la tutelle va, au contraire, se faire plus étroite. Le ménage Aupick manifeste l'intention de pourvoir Baudelaire d'un conseil judiciaire, Mᵉ Ancelle, notaire à Neuilly. Dans une lettre confidentielle, le poète adjure sa mère de renoncer à un projet aussi injurieux pour lui ; il accepterait de soumettre ses dépenses à un contrôle maternel, mais ce serait lui faire affront que de lui imposer le gouvernement d'un tiers :

« Je te prie de lire ceci très attentivement parce que c'est très sérieux, et que c'est un appel suprême à ton bon sens et à la tendresse si vive que tu dis avoir pour moi. Je te donne d'abord cette lettre sous le sceau du secret, et te prie de ne la montrer à personne.

« Ensuite, je te prie en grâce de n'y voir aucune intention de viser au pathétique, ni de te toucher autrement que par quelques raisonnements. L'habitude bizarre qu'ont prise nos discussions de se tourner en aigreurs, dont souvent il n'y a rien de vrai chez moi, l'état d'agitation dans lequel je suis, le parti pris chez toi de ne plus m'écouter, m'ont obligé à prendre la forme d'une lettre où je veux te persuader combien tu peux avoir tort malgré toute cette tendresse.

« J'écris tout ceci à tête bien reposée, et quand je songe à l'état de maladie, dans lequel je suis depuis plusieurs jours, causé par la colère et l'étonnement, je me demande comment, par quel moyen, je pourrai supporter la chose accomplie ! Vous ne cessez, pour me faire avaler la pilule, de me répéter que cela n'a rien que de tout naturel et nullement déshonorant. C'est possible, et je le crois ; mais en vérité qu'importe ce que c'est réellement pour la plupart des gens, si c'est tout autre chose pour moi. Tu regardes, m'as-tu dit, ma colère et mon chagrin comme tout passagers ; tu présumes que tu ne me fais un bobo d'enfant que pour mon bien. Mais persuade-toi donc bien une chose, que tu sembles toujours ignorer : c'est que vraiment pour mon malheur, je ne suis pas fait comme les autres hommes. Ce que tu regardes comme une nécessité et une douleur de circonstance, je ne peux pas, je ne peux pas le supporter. Cela s'explique très bien. Tu peux, quand nous sommes seuls, me traiter de telle façon qu'il te plaît, mais je repousse avec fureur tout ce qui est attentatoire à ma liberté. N'y a-t-il pas une cruauté incroyable à me soumettre à l'arbitrage de quelques hommes que cela ennuie, et qui ne me connaissent pas ? Entre nous, qui peut se vanter de me connaître, et de savoir où je veux aller, ce que je veux faire, et de quelle dose de patience je suis capable ? Je crois sincèrement que tu tombes dans une grave erreur. Je te le dis froidement, parce que je me regarde comme condamné par toi, et je suis sûr que tu ne m'écouteras pas : mais remarque bien ceci tout d'abord, c'est que tu me fais sciemment et volontairement une peine infinie, dont tu ne sais pas tout le poignant. » (Lettre non datée, 1844.)

Ces adjurations devaient rester vaines. Au mois de septembre 1844, Baudelaire était pourvu d'un conseil judiciaire en la personne de Me Ancelle, tuteur à coup sûr scrupuleux et dévoué, mais, semble-t-il, aussi peu capable que Mme Aupick d'apprécier la valeur du poète et d'en ménager la sensibilité exacerbée. Infliger à Baudelaire une dation de conseil judiciaire, c'était lui faire subir, à son entrée dans les lettres, une humiliation publique. La blessure qu'on lui fit en septembre 1844, loin de guérir avec le temps, se gangrena. Par surcroît, il fallut qu'à cette infortune vinssent s'ajouter, vers la même époque, les inquiétudes d'une syphilis, qui, promptement blanchie, ne devait jamais être vaincue. Pour un amoureux du monde féminin, la mesure était comble : outragé par la décision maternelle, il se voyait cruellement lésé par ses premières amours.

échantillon de Beauté antique, dédié à Chenavard

■ *Échantillon de beauté antique dédié à Chenavard*, dessin de Baudelaire annoté par lui-même (vers 1860). « En fait d'art, je suis surnaturaliste », écrit Charles Baudelaire citant Heine à propos de Delacroix. Élève d'Ingres et de Delacroix, Chenavard, selon Baudelaire, « est un grand esprit de décadence ». (Collection particulière.)

Le parfum de la femme

Dans un moment d'abandon, en janvier 1862, il lui est advenu d'écrire à Sainte-Beuve :

« Une fois, dans un journal méchant, j'avais lu quelques lignes sur ma répulsive laideur, bien faite pour éloigner toute sympathie (c'était dur pour un homme qui a tant aimé le parfum de la femme). »

Ce parfum, il est peu d'ouvrages de Baudelaire qui n'en soient imprégnés. On le respire dans ses poésies, dans ses poèmes en prose, dans sa *Fanfarlo*, dans son essai sur *Le Peintre de la vie moderne*. Parmi les quatre petits garçons que met en scène le poème en prose intitulé *Les Vocations*, et dont chacun, par un trait distinctif, s'apparente à Baudelaire, il en est un qu'enivre déjà l'odeur de la femme :

« Moi, je vais vous raconter comment il m'est arrivé quelque chose qui ne vous est jamais arrivé...

« ... Il y a quelques jours, mes parents m'ont emmené en voyage avec eux, et, comme dans l'auberge où nous nous sommes arrêtés, il n'y avait pas assez de lits pour nous tous, il a été décidé que je dormirais dans le même lit que ma bonne. » – Il attira ses cama-

■ *Portrait de femme ; hommage à Constantin Guys.* Dessin de Charles Baudelaire. « La femme est une espèce d'idole, stupide peut-être, mais éblouissante, enchanteresse, qui tient les destinées et les volontés suspendues à ses regards », écrit Charles Baudelaire dans *Le Peintre de la vie moderne* (1863), étude consacrée à Constantin Guys.

rades plus près de lui, et parla d'une voix plus basse. –
« Ça fait un singulier effet, allez, de n'être pas couché
seul et d'être dans un lit avec sa bonne, dans les
ténèbres. Comme je ne dormais pas, je me suis amusé,
pendant qu'elle dormait, à passer ma main sur ses bras,
sur son cou et sur ses épaules. Elle a les bras et le cou
bien plus gros que toutes les autres femmes, et la peau
en est si douce, si douce, qu'on dirait du papier à
lettres ou du papier de soie. J'y avais tant de plaisir que
j'aurais longtemps continué, si je n'avais pas eu peur,
peur de la réveiller d'abord, et puis encore peur de je
ne sais quoi. Ensuite j'ai fourré ma tête dans ses cheveux qui pendaient dans son dos, épais comme une crinière, et ils sentaient aussi bon, je vous assure, que les
fleurs du jardin, à cette heure-ci. Essayez, quand vous
pourrez, d'en faire autant que moi, et vous verrez ! »

« Le jeune auteur de cette prodigieuse révélation
avait, en faisant son récit, les yeux écarquillés par une
sorte de stupéfaction de ce qu'il éprouvait encore, et les
rayons du soleil couchant, en glissant à travers les
boucles rousses de sa chevelure ébouriffée, y allu-
maient comme une auréole sulfureuse de passion. »

Une note laconique de ses journaux intimes évoque
un jeune Baudelaire non moins sensible aux fragrances
féminines que l'ardent petit rousseau des *Vocations* :

« Le goût précoce des femmes. Je confondais l'odeur
de la fourrure avec l'odeur de la femme. Je me souviens... Enfin, j'aimais ma mère pour son élégance.
J'étais donc un dandy précoce. » (*Fusées.*)

Chez le sensualiste qu'est Baudelaire, il n'est point de
sens qui n'ait le don d'aiguiser son appétit du monde
féminin. *Les Fleurs du Mal* le montrent aussi avide du
spectacle que lui offre la femme que prêt à distribuer à
celle-ci les caresses et les coups. Une voix peut suffire à
l'enchanter, une chevelure à le griser de son odeur. Ce
dandysme de la sexualité requiert évidemment une
sorte de finesse de gourmet, qui est, selon Baudelaire,
l'apanage du véritable artiste : la finesse, par exemple,
qu'il reconnaît à Thomas de Quincey, dont l'enfance

une femme pour Asselineau

n'avait été entourée que de jupons. Il s'est expliqué là-dessus dans ses *Paradis artificiels* :

« L'homme qui, dès le commencement, a été long-temps baigné dans la molle atmosphère de la femme, dans l'odeur de ses mains, de son sein, de ses genoux, de sa chevelure, de ses vêtements souples et flottants,

Dulce balneum suavibus
Unguentatum odoribus,

y a contracté une délicatesse d'épiderme et une dis-tinction d'accent, une espèce d'androgynéité, sans les-quelles le génie le plus âpre et le plus viril reste, relativement à la perfection dans l'art, un être incom-plet. Enfin, je veux dire que le goût précoce du monde

■ *Une femme, pour Asselineau,* dessin de Charles Baudelaire. (Paris, musée d'Orsay.)

féminin, *mundi muliebris,* de tout cet appareil ondoyant, scintillant et parfumé, fait les génies supérieurs. »

L'attrait de la femme se confond ici avec l'attrait du monde féminin, le charme de la partenaire avec le charme de sa toilette. Comme Mallarmé (un de ses héritiers spirituels), Baudelaire eût peut-être pris plaisir à composer une revue de mode. Dans son essai sur Guys, *Le Peintre de la vie moderne,* il s'attarde volontiers sur les mousselines, les gazes, les chatoyantes nuées d'étoffes, qui sont « les attributs et le piédestal » de la divinité féminine :

« Quel est l'homme qui, dans la rue, au théâtre, au bois, n'a pas joui de la manière la plus désintéressée, d'une toilette savamment composée, et n'en a pas emporté une image inséparable de la beauté de celle à qui elle appartenait, faisant ainsi des deux, de la femme et de la robe, une totalité indivisible ? »

Dans *Les Fleurs du Mal,* de fréquentes évocations de robes et de bijoux se trouvent associées aux plus chaudes blandices des sens :

La très-chère était nue, et, connaissant mon cœur,
Elle n'avait gardé que ses bijoux sonores...

(Les Bijoux.)

De ses cheveux élastiques et lourds,
Vivant sachet, encensoir de l'alcôve,
Une senteur montait, sauvage et fauve,

Et des habits, mousseline ou velours,
Tout imprégnés de sa jeunesse pure,
Se dégageait un parfum de fourrure.

(Un Fantôme : Le Parfum.)

■ *Portrait de femme,* dessin de Constantin Guys. « Quel poète oserait, dans la peinture du plaisir causé par l'apparition d'une beauté, séparer la femme de son costume ? » Charles Baudelaire, *Le Peintre de la vie moderne,* 1863.

La Fanfarlo, dont la composition se situe au plus tard en 1846, manifestait déjà ce goût d'un « monde féminin » enrichi par la toilette, et sophistiqué par le fard. Cramer, l'amant de la Fanfarlo, aime « le rouge et la céruse, le chrysocale et les oripeaux de toute sorte. Il repeindrait volontiers les arbres et le ciel et, si Dieu lui

avait confié le plan de la nature, il l'aurait peut-être
gâté ».

Ce Cramer ressemble décidément beaucoup à son
auteur. Dans un carnet qui tient à la fois du carnet de
comptes et du carnet d'adresses, et qui semble avoir
servi entre 1861 et 1863, c'est-à-dire quinze ans après
La Fanfarlo, on voit Baudelaire noter minutieusement la
toilette d'une certaine Agathe, que nul n'a jusqu'ici
identifiée :

AGATHE.

« Coiffure à l'enfant, bouclée et répandue sur le dos.

« Maquillage du visage. Sourcils, paupières, lèvres.
Du rouge, du blanc, des mouches.

« Boucles d'oreilles, colliers, bracelets, bagues.

« Robe décolletée, les bras nus. Pas de crinoline.

« Bas de soie très fins, à jour, noirs si la robe est noire
ou brune. Roses si la robe est claire. Souliers très
découverts. Jarretières galantes.

« Un bain. Pieds et mains très soignés. Parfumerie
générale.

« À cause de la coiffure, une sortie de bal, à capu-
chon, si nous sortons. »

« Si nous sortons... » Cela fait rêver. On imagine Baudelaire au bras de cette Agathe, élégante comme une
lorette de Guys. Peut-être était-ce l'Agathe à qui
s'adressent les vers de *Mœsta et errabunda* :

L'innocent paradis, plein de plaisirs furtifs,
Est-il déjà plus loin que l'Inde ou que la Chine ?

■ *Parisiennes du Second Empire,* gravure d'après A. Lynch.
« La femme est bien dans son droit, et même elle accomplit
une espèce de devoir en s'appliquant à paraître magique et
surnaturelle. » Charles Baudelaire, *Le Peintre de la vie moderne,*
1863. (Paris, Bibl. historique de la Ville de Paris.)

LA FILLE OU LA SERVANTE

Cet obsédé de la femme, quelles sont les femmes qu'entre d'autres il élit, dont il fait ou dont il rêve de faire ses compagnes ou ses maîtresses ? Dans ses *Conseils aux jeunes littérateurs,* rédigés alors qu'il n'était lui-même qu'un littérateur de vingt-cinq ans, il a émis, à propos des femmes « dangereuses aux gens de lettres », quelques aphorismes dont le tour ironique ou paradoxal ne doit pas faire oublier la part de conviction qui s'y mêle :

« Si je veux observer la loi des contrastes, qui gouverne l'ordre moral et l'ordre physique, je suis obligé de ranger dans la classe des femmes dangereuses aux gens de lettres, la "femme honnête", le bas-bleu et l'actrice ; – la "femme honnête", parce qu'elle appartient nécessairement à deux hommes et qu'elle est une médiocre pâture pour l'âme despotique d'un poète ; le bas-bleu, parce que c'est un homme manqué ; l'actrice, parce qu'elle est frottée de littérature et qu'elle parle argot, – bref, parce que ce n'est pas une femme dans toute l'acception du mot, – le public lui étant une chose plus précieuse que l'amour.

« Vous figurez-vous un poète amoureux de sa femme et contraint de lui voir jouer un travesti ? Il me semble qu'il doive mettre le feu au théâtre.

« Vous figurez-vous celui-ci obligé d'écrire un rôle pour sa femme qui n'a pas de talent ?

« Et cet autre suant à rendre par des épigrammes au public de l'avant-scène les douleurs que ce public lui a faites dans l'être le plus cher, – cet être que les Orientaux enfermaient sous triples clefs, avant qu'ils ne vinssent étudier le droit à Paris ? C'est parce que tous les vrais littérateurs ont horreur de la littérature à de certains moments, que je n'admets pour eux, – âmes libres et fières, esprits fatigués, qui ont toujours besoin de se reposer leur septième jour, – que deux classes de femmes possibles : les filles ou les femmes bêtes, l'amour ou le pot-au-feu. – Frères, est-il besoin d'en expliquer les raisons ? »

Que le poète n'ait d'option qu'entre la fille et la servante, Baudelaire n'en démordra jamais. En 1852, il y revient dans son étude sur Poe, où il dit des femmes que « leur éducation informe, leur incompétence politique et littéraire empêchent beaucoup d'auteurs de voir en elles autre chose que des ustensiles de ménage ou des objets de luxe ».

Dans les notes de *Mon cœur mis à nu*, il se demande pourtant :

« Pourquoi l'homme d'esprit aime les filles plus que

les femmes du monde, malgré qu'elles soient également bêtes ? – À trouver. »

Mais il est clair qu'il ne pense ici qu'à des partenaires de plaisir, et non à de véritables compagnes. Et sans doute apporte-t-il à sa question un commencement de réponse en ajoutant presque aussitôt :

« Il y a de certaines femmes qui ressemblent au ruban de la Légion d'honneur. On n'en veut plus parce qu'elles se sont salies à de certains hommes.

« C'est par la même raison que je ne chausserais pas les culottes d'un galeux. »

Cette explication demeure toutefois, sinon suspecte, du moins très partielle ; et le recours de Baudelaire aux prostituées du quartier Bréda, durant les années 60, trouve peut-être dans la maladie une raison qu'il ne nous livre pas.

Ce qui, en revanche, est acquis, ce qui ressort tant de sa correspondance que des témoignages de sa mère et de ses amis, c'est que Baudelaire n'eut qu'une seule vraie et durable liaison féminine, celle qui l'attacha, dès qu'il eut vingt ans, à une jeune mulâtresse ou quarteronne, alors figurante dans un petit théâtre.

■ *Scène de maison publique*, par Constantin Guys. La courtisane « représente bien la sauvagerie dans la civilisation. Elle a sa beauté qui lui vient du Mal, toujours dénuée de spiritualité, mais quelquefois teintée d'une fatigue qui joue la mélancolie ». Charles Baudelaire, *Le Peintre de la vie moderne*, étude sur Constantin Guys. (Paris, musée Carnavalet.)

JEANNE DUVAL

La biographie de cette Jeanne Duval n'a jamais pu être écrite. On pense qu'elle s'appelait en réalité Jeanne Lemer, mais on n'en est pas certain. Pour fuir des créanciers, semble-t-il, elle a plusieurs fois changé de nom ; elle était notamment Mlle Prosper en 1864. Mais si son identité est douteuse, son signalement se trouve assez établi, tant par les portraits à la plume que Baudelaire a tracés d'elle et les allusions qu'il a faites à ses charmes, que par les souvenirs des amis du poète.

Jeanne Duval se distinguait par une démarche triomphante, qui, selon Banville, avait quelque chose à la fois de divin et de bestial ; par des cheveux d'un noir écla-

■ *Portrait
de la maîtresse
de Baudelaire,* par
Édouard Manet,
1862. « Le geste,
lu grimace, le
vêtement, le décor
même, tout doit
servir à représenter
un caractère. »
Charles Baudelaire,
*Salon de 1859,
VII Le Portrait.*
(Budapest,
Szepmuveszeti
Muzeum.)

tant, – de ce noir qu'on dit presque bleu, – aux ondes crêpelées ; par de très grands yeux bruns, des lèvres sensuelles, et, pour reprendre les termes mêmes de Baudelaire, une « gorge aiguë » dont *Les Fleurs du Mal* laissent deviner l'obsession.

Quant à son caractère, ce que l'on en sait indique qu'il n'était pas fait pour enchanter la vie commune. Jeanne Duval présentait tous les défauts que l'on dit être ceux des métisses. Sournoise, menteuse, débauchée, dépensière, alcoolique, et par surcroît ignorante et stupide, elle se fût peut-être trouvée mieux à sa place dans le monde de la prostitution que dans la compagnie des artistes. Baudelaire pensait à coup sûr à elle, lorsqu'en 1851 il déclarait incidemment, dans un

JEANNE DUVAL article sur *Les Drames et les romans honnêtes*, que
« généralement les maîtresses des poètes sont d'assez
vilaines gaupes, dont les moins mauvaises sont celles
qui font la soupe et ne paient pas un autre amant ».

Mais quels qu'aient été les torts de Jeanne vis-à-vis de
son amant, les fautes, voire les trahisons, qu'il a pu lui
reprocher, il faut dire, à sa décharge, que l'existence
qu'elle eut avec lui n'était pas pour la tirer de sa misère
morale, et relever que Baudelaire lui-même s'est finalement, devant elle, senti coupable.

Au cours de cette liaison sans cesse rompue et
renouée, Baudelaire eut mille occasions de pester
contre la sottise de sa maîtresse. Mais on l'a vu plus
haut recommander les femmes bêtes aux jeunes littérateurs. Victime de ses principes, n'avait-il pas choisi
Jeanne autant pour sa bêtise que pour ses attraits ?
Dans le *Choix de maximes consolantes sur l'amour* qu'il
publiait en mars 1846 (dans *Le Corsaire-Satan*) figurent
ces lignes, où apparaissent peut-être les reflets de
l'image qu'il se faisait de Jeanne :

« Il y a des gens qui rougissent d'avoir aimé une
femme, le jour qu'ils s'aperçoivent qu'elle est bête. Ceux-
là sont des aliborons vaniteux, faits pour brouter les
chardons les plus impurs de la création, ou les faveurs
d'un bas-bleu. La bêtise est souvent l'ornement de la
beauté ; c'est elle qui donne aux yeux cette limpidité
morne des étangs noirâtres et ce calme huileux des mers
tropicales. La bêtise est toujours la conservation de la
beauté ; elle éloigne les rides ; c'est un cosmétique divin
qui préserve nos idoles des morsures que la pensée garde
pour nous, vilains savants que nous sommes ! »

Cette reposante bêtise s'alliait chez Jeanne à une
dépravation qu'évoque également le *Choix de maximes
consolantes* ; car il n'est rien que Baudelaire ne tire de
son propre fonds lorsqu'il traite du conflit de l'esprit et
des sens :

« Je n'aurais pas fini de sitôt, si je voulais énumérer
tous les beaux et bons côtés de ce qu'on appelle vice et
laideur morale ; mais il se présente souvent, pour les

gens de cœur et d'intelligence, un cas difficile et angoisseux comme une tragédie : c'est quand ils sont pris entre le goût héréditaire et paternel de la moralité et le goût tyrannique d'une femme qu'il faut mépriser. De nombreuses et ignobles infidélités, des habitudes de bas lieu, de honteux secrets découverts mal à propos vous inspirent de l'horreur pour l'idole, et il arrive parfois que votre joie vous donne le frisson. Vous voilà fort empêché dans vos raisonnements platoniques. La vertu et l'orgueil vous crient : Fuis-la. La nature vous dit à l'oreille : Où la fuir ? Alternatives terribles où les âmes les plus fortes montrent toute l'insuffisance de notre éducation philosophique. Les plus habiles, se voyant contraints par la nature de jouer l'éternel roman de Manon Lescaut et de Leone Leoni, se sont tirés d'affaire en disant que le mépris allait très-bien avec l'amour. »

Cette conclusion des « plus habiles » est celle de Baudelaire lui-même. Dans *Femmes damnées,* c'est-à-dire dans une des pièces des *Fleurs du Mal* qu'il amendait encore sur épreuves en 1857, quelques jours avant que le livre ne sortît, ne soutient-il pas avec force que l'amour et la morale sont incompatibles ?

> Maudit soit à jamais le rêveur inutile
> Qui voulut le premier, dans sa stupidité,
> S'éprenant d'un problème insoluble et stérile,
> Aux choses de l'amour mêler l'honnêteté !
>
> Celui qui veut unir dans un accord mystique
> L'ombre avec la chaleur, la nuit avec le jour,
> Ne chauffera jamais son corps paralytique
> À ce rouge soleil que l'on nomme l'amour !

Pour Baudelaire, que les défaillances de sa foi n'ont nullement délivré du sentiment du péché, la chair s'identifie avec le Mal ; aussi l'amour et le devoir sont-ils antinomiques. Le divorce de la conscience et du plaisir donne à la volupté une amertume dont les maximes de ses journaux intimes ont gardé le goût :

« Ce qu'il y a d'ennuyeux dans l'amour, c'est que

JEANNE DUVAL   c'est un crime où l'on ne peut pas se passer d'un com-
plice. » *(Mon cœur mis à nu.)*

La nature de sa liaison avec Jeanne, la qualité des plaisirs que celle-ci lui dispense, n'ont pu qu'accentuer
l'inquiétude originelle de Baudelaire. Entre sa maîtresse
et lui, aucune communion possible hors du lit. On est
loin du « vert paradis des amours enfantines ». On est au
contraire à Suburre, et l'on s'y attarde. Le souvenir de
Jeanne occupe une telle place dans *Les Fleurs du Mal*, il y
régit tant de poèmes, que nous ne saurions les repro-
duire tous ici. En voici du moins trois que le parfum de
leur inspiratrice semble devoir indéfiniment imprégner :

SED NON SATIATA

Bizarre déité, brune comme les nuits,
Au parfum mélangé de musc et de havane,
Œuvre de quelque obi, le Faust de la savane,
Sorcière au flanc d'ébène, enfant des noirs minuits,

Je préfère au constance, à l'opium, au nuits,
L'élixir de ta bouche où l'amour se pavane ;
Quand vers toi mes désirs partent en caravane,
Tes yeux sont la citerne où boivent mes ennuis.

Par ces deux grands yeux noirs, soupiraux de ton âme,
Ô démon sans pitié ! verse-moi moins de flamme ;
Je ne suis pas le Styx pour t'embrasser neuf fois,

Hélas ! et je ne puis, mégère libertine,
Pour briser ton courage et te mettre aux abois,
Dans l'enfer de ton lit devenir Proserpine !

LA CHEVELURE

Ô toison, moutonnant jusque sur l'encolure !
Ô boucles ! Ô parfum chargé de nonchaloir !
Extase ! Pour peupler ce soir l'alcôve obscure
Des souvenirs dormant dans cette chevelure,
Je la veux agiter dans l'air comme un mouchoir !

La langoureuse Asie et la brûlante Afrique,
Tout un monde lointain, absent, presque défunt,

■ *Portrait dit de
Jeanne Duval,*
encre, par Charles
Baudelaire.
Après l'une des
nombreuses
ruptures
« définitives » avec
Jeanne, Charles
Baudelaire écrit à
sa mère, en 1856 :
« Cette femme était
ma seule
distraction, mon
seul plaisir, mon
seul camarade, et
malgré toutes
les secousses
intérieures d'une
liaison
tempétueuse,
jamais l'idée d'une
séparation
irréparable n'était
entrée clairement
dans mon esprit. »
(Collection
particulière.)

JEANNE DUVAL

Vit dans tes profondeurs, forêt aromatique !
Comme d'autres esprits voguent sur la musique,
Le mien, ô mon amour ! nage sur ton parfum.

J'irai là-bas où l'arbre et l'homme, pleins de sève,
Se pâment longuement sous l'ardeur des climats ;
Fortes tresses, soyez la houle qui m'enlève !
Tu contiens, mer d'ébène, un éblouissant rêve
De voiles, de rameurs, de flammes et de mâts :

Un port retentissant où mon âme peut boire
À grands flots le parfum, le son et la couleur ;
Où les vaisseaux, glissant dans l'or et dans la moire,
Ouvrent leurs vastes bras pour embrasser la gloire
D'un ciel pur où frémit l'éternelle chaleur.

Je plongerai ma tête amoureuse d'ivresse
Dans ce noir océan où l'autre est enfermé ;
Et mon esprit subtil que le roulis caresse
Saura vous retrouver, ô féconde paresse !
Infinis bercements du loisir embaumé !

JEANNE DUVAL

Cheveux bleus, pavillon de ténèbres tendues,
Vous me rendez l'azur du ciel immense et rond ;
Sur les bords duvetés de vos mèches tordues
Je m'enivre ardemment des senteurs confondues
De l'huile de coco, du musc et du goudron.

Longtemps ! toujours ! ma main dans ta crinière
[lourde
Sèmera le rubis, la perle et le saphir,
Afin qu'à mon désir tu ne sois jamais sourde !
N'es-tu pas l'oasis où je rêve, et la gourde
Où je hume à longs traits le vin du souvenir ?

LE LÉTHÉ

Viens sur mon cœur, âme cruelle et sourde,
Tigre adoré, monstre aux airs indolents ;
Je veux longtemps plonger mes doigts tremblants
Dans l'épaisseur de ta crinière lourde ;

Dans tes jupons remplis de ton parfum
Ensevelir ma tête endolorie,
Et respirer, comme une fleur flétrie,
Le doux relent de ton amour défunt.

Je veux dormir ! dormir plutôt que vivre !
Dans un sommeil aussi doux que la mort,
J'étalerai mes baisers sans remord
Sur ton beau corps poli comme le cuivre.

Pour engloutir mes sanglots apaisés
Rien ne me vaut l'abîme de ta couche ;
L'oubli puissant habite sur ta bouche,
Et le Léthé coule dans tes baisers.

À mon destin, désormais mon délice,
J'obéirai comme un prédestiné ;
Martyr docile, innocent condamné,
Dont la ferveur attise le supplice,

Je sucerai, pour noyer ma rancœur,
Le népenthès et la bonne ciguë
Aux bouts charmants de cette gorge aiguë
Qui n'a jamais emprisonné de cœur.

Madame Sabatier

Les poèmes dédiés par Baudelaire à Mme Sabatier sont à ceux qu'inspira Jeanne Duval ce que l'eau de source est à l'eau ardente. Quand, par exception, leur ton s'échauffe, ce n'est pas à leur dédicataire qu'ils le doivent, mais au poète lui-même. En fait, parmi les dix ou onze pièces qui, dans *Les Fleurs du Mal*, constituent la part de la radieuse « Présidente », il n'en est guère qu'une seule un peu brûlante : c'est *À celle qui est trop gaie*, que les magistrats de la 6e Chambre, spontanément obscènes, crurent entachée d'obscénité.

On sait qu'aussitôt écrits la plupart des poèmes faits pour Mme Sabatier avaient été adressés « anonymement » à celle-ci par leur auteur. Le hasard voulut

■ *Portrait d'une femme en robe marron,* aquarelle, rehauts de blanc, par Ernest Meissonier.
« M. Meissonier exécute admirablement ses petites figures. C'est un Flamand, moins la fantaisie, le charme, la couleur et la naïveté – et la pipe ! » (Charles Baudelaire, *Salon de 1845.*)
Mme Sabatier fut l'élève d'Ernest Meissonier qui la perfectionna dans l'art de la miniature. (Paris, Cabinet des dessins du musée du Louvre.)

qu'en condamnant *À celle qui est trop gaie,* les juges s'en prissent au premier de cette série de poèmes, à celui que sa destinataire avait eu la surprise de trouver dans sa boîte aux lettres le 10 décembre 1852, accompagné de ce billet dont Baudelaire avait eu soin de déguiser l'écriture :

« La personne pour qui ces vers ont été faits, qu'ils lui plaisent ou qu'ils lui déplaisent, quand même ils lui paraîtraient tout à fait ridicules, est bien humblement "suppliée" de ne les montrer "à personne". Les sentiments profonds ont une pudeur qui ne veut pas être violée. L'absence de signature n'est-elle pas un symptôme de cette invincible pudeur ? Celui qui a fait ces vers, dans un des états de rêverie où le jette souvent l'image de celle qui en est l'objet, l'a bien vivement aimée, sans jamais le lui dire, et conservera "toujours" pour elle la plus tendre sympathie. »

À CELLE QUI EST TROP GAIE

Ta tête, ton geste et ton air
Sont beaux comme un beau paysage,
Le rire joue en ton visage
Comme un vent frais dans un ciel clair.

Le passant chagrin que tu frôles
Est éclairé par la santé,
Qui jaillit comme une clarté
De tes bras et de tes épaules.

Les retentissantes couleurs
Dont tu parsèmes tes toilettes
Jettent dans l'âme des poètes
L'image d'un ballet de fleurs.

Ces robes folles sont l'emblème
De ton esprit bariolé ;
Folle dont je suis affolé,
Je te hais autant que je t'aime.

Quelquefois dans un beau jardin
Où je traînais mon agonie,

J'ai senti comme une ironie
Le soleil déchirer mon sein.

Et le printemps et la verdure
Ont tant humilié mon cœur
Que j'ai puni sur une fleur
L'insolence de la Nature.

Ainsi je voudrais une nuit,
Quand l'heure des voluptés sonne,
Vers les splendeurs de ta personne
Comme un lâche, ramper sans bruit,

Pour châtier ta chair joyeuse,
Pour meurtrir ton sein pardonné,
Et faire à ton flanc étonné
Une blessure large et creuse,

Et, délicieuse douceur,
À travers ces lèvres nouvelles
Plus éclatantes et plus belles
T'infuser mon sang, ô ma Sœur.

Apollonie Sabatier, quand elle reçut cette insolite déclaration, avait trente ans, et, à deux jours près, un an de moins que Baudelaire. Richement entretenue par le fils d'un banquier, elle recevait chez elle, rue Frochot, à l'angle de la place de la Barrière-Montmartre (aujourd'hui place Pigalle), une assez nombreuse compagnie d'artistes et d'écrivains. Tous ceux qui l'approchèrent s'accordent à dire, avec Judith Gautier, que « trois grâces rayonnaient d'elle : beauté, bonté et joie ». Au demeurant, facile à vivre.

En décembre 1852, lorsque, sans se nommer, Baudelaire assure Mme Sabatier de sa « plus tendre sympathie », il compte lui-même parmi ses visiteurs, sinon parmi ses familiers. Devine-t-elle aussitôt en lui le poète qui l'accuse de l'affoler, on ne saurait le dire. Mais il est à croire qu'elle ne dut pas rester longtemps dans le doute.

En mai 1853, elle reçoit à six jours d'intervalle deux poèmes, toujours anonymes, qui n'ont pas encore de

■ *Femme piquée par un serpent,* marbre blanc d'Auguste Clésinger, 1847. Ce marbre, qui connut un grand succès au Salon de 1847, représente Mme Sabatier, « la Présidente », à l'âge de vingt-cinq ans. (Paris, musée d'Orsay.)

titre, mais qu'elle retrouvera plus tard dans *Les Fleurs du Mal* où ils s'appelleront *Réversibilité* et *Confession.* À celui-ci est joint un billet où le poète qui n'ose pas dire son nom commente son attitude :

« Vraiment, Madame, je vous demande mille pardons de cette imbécile rimaillerie anonyme, qui sent horriblement l'enfantillage ; mais qu'y faire ? Je suis égoïste comme les enfants et les malades. Je pense aux personnes aimées quand je souffre. Généralement, je pense à vous en vers, et quand les vers sont faits, je ne sais pas résister à l'envie de les faire voir à la personne qui en est l'objet. En même temps, je me cache, comme quelqu'un qui a une peur extrême du ridicule. N'y a-t-il pas quelque chose d'essentiellement comique dans l'amour ? – particulièrement pour ceux qui n'en sont pas atteints.

« Mais je vous jure bien que c'est la dernière fois que je m'expose ; et si mon ardente amitié pour vous dure aussi longtemps encore qu'elle a déjà duré, avant que je vous en aie dit un mot, nous serons vieux tous les deux.

« Quelque absurde que tout cela vous paraisse, figurez-vous qu'il y a un cœur dont vous ne pourriez vous moquer sans cruauté, et où votre image vit toujours. »

La résolution de ne plus « s'exposer » fléchit bientôt. En février 1854, les envois anonymes reprennent et se précipitent. En moins de dix jours, Mme Sabatier reçoit trois sonnets, qui, comme les pièces précédentes, prendront place dans *Les Fleurs du Mal,* et dont nous citerons au moins le dernier, où s'exprime le besoin de protection spirituelle dont *Mon cœur mis à nu* montre la persistance chez Baudelaire. Dans ses notes intimes, on le voit en effet s'adjurer de faire tous les matins sa prière « à son père, à Mariette, à Poe, comme intercesseurs ». Ici, c'est une maîtresse idéale que le poète se donne pour patronne :

Que diras-tu ce soir, pauvre Âme solitaire,
Que diras-tu, mon Cœur, Cœur autrefois flétri,
À la très-Belle, à la très-Bonne, à la très-Chère,
Dont le regard divin t'a soudain refleuri ?

– Nous mettrons notre orgueil à chanter ses louanges,
Rien ne vaut la douceur de son autorité.
Sa chair spirituelle a le parfum des Anges,
Et son œil nous revêt d'un habit de clarté.

MADAME SABATIER

Que ce soit dans la nuit et dans la solitude,
Que ce soit dans la rue et dans la multitude,
Son Fantôme en dansant marche comme un Flambeau.

Parfois il parle, et dit : « Je suis "Belle" et j'ordonne
Que pour l'Amour de MOI vous n'aimiez que le Beau".
Je suis l'Ange Gardien, la Muse, et la Madone. »

Par une sorte de jeu que gouvernaient d'un côté la malice, de l'autre la pudeur, ni Mme Sabatier ni Baudelaire ne devaient s'entretenir directement de ces poèmes avant l'affaire des *Fleurs du Mal*, quoique leur auteur en eût avoué la paternité en en glissant deux dans le choix de vers qu'il donnait en juin 1855 à *La Revue des Deux Mondes*. Ce n'est qu'après la mise en vente et la saisie des *Fleurs du Mal* que Mme Sabatier reçut enfin de Baudelaire une lettre signée :

« Croiriez-vous que les misérables (je parle du juge d'instruction, du procureur, etc.) ont osé incriminer, entre autres morceaux, deux des pièces composées pour ma chère idole ?

« ... Voilà la première fois que je vous écris avec ma vraie écriture. Si je n'étais pas accablé d'affaires et de lettres (c'est après-demain l'audience), je profiterais de cette occasion pour vous demander pardon de tant de folies et d'enfantillages. Mais d'ailleurs, ne vous en êtes-vous pas suffisamment vengée, surtout avec votre petite sœur ? Ah ! le petit monstre ! Elle m'a glacé, un jour que, nous étant rencontrés elle partit d'un grand éclat de rire à ma face, et me dit : "Êtes-vous toujours amoureux de ma sœur, et lui écrivez-vous toujours de superbes lettres ?" – J'ai compris, d'abord, que quand je voulais me cacher, je me cachais fort mal, et ensuite que sous votre charmant visage, vous déguisiez un esprit peu charitable. Les polissons sont "amoureux", mais les poètes sont "idolâtres", et votre sœur est peu faite, je crois, pour comprendre les choses éternelles.

■ Portrait de Bébé, sœur de Mme Sabatier (« le petit monstre »,
« cette petite folle »), dessin de Charles Baudelaire. (Paris,
Bibl. de l'Institut de France – Fonds Spoelberch de Lovenjoul.)

« Permettez-moi donc, au risque de vous divertir aussi, de renouveler ces protestations qui ont tant diverti cette petite folle. Supposez un amalgame de rêverie, de sympathie, de respect, avec mille enfantillages pleins de sérieux, vous aurez un à peu près de ce quelque chose très sincère que je ne me sens pas capable de mieux définir.

« Vous oublier n'est pas possible. On dit qu'il a existé des poètes qui ont vécu toute leur vie les yeux fixés sur une image chérie. Je crois, en effet (mais j'y suis trop intéressé), "que la fidélité est un des signes du génie".

« Vous êtes plus qu'une image rêvée et chérie, vous êtes ma "superstition". Quand je fais quelque grosse sottise, je me dis : "Mon Dieu ! si elle le savait !" Quand je fais quelque chose de bien, je me dis : "Voilà quelque chose qui me rapproche d'elle, – en esprit."

« Et la dernière fois que j'ai eu le bonheur (bien malgré moi) de vous rencontrer – car vous ignorez avec quel soin je vous fuis ! – je me disais : il serait singulier que cette voiture l'attendît, je ferais peut-être bien de prendre un autre chemin. – Et puis : "Bonsoir, Monsieur !" avec cette voix aimée dont le timbre enchante et déchire. Je m'en suis allé, répétant tout le long de mon chemin : "Bonsoir, Monsieur !" en essayant de contrefaire votre voix.

« ... Rappelez-vous que quelqu'un pense à vous, que sa pensée n'a jamais rien de trivial, et qu'il vous en veut un peu de votre malicieuse "gaîté".

« "Je vous prie très ardemment de garder désormais pour vous tout ce que je pourrai vous confier." Vous êtes ma compagnie ordinaire, et mon secret. C'est cette intimité, où je me donne la réplique depuis si longtemps, qui m'a donné l'audace de ce ton si familier.

« Adieu, chère Madame, je baise vos mains avec toute ma dévotion. »

L'épilogue de cette amitié amoureuse est trop connu pour qu'on s'y attarde. S'il a sa place marquée dans la biographie de Baudelaire, il n'intéresse que médiocrement la connaissance de son art. On pourrait même dire qu'en entrant enfin dans la vie de Baudelaire, le 30 août 1857, Apollonie Sabatier s'excluait sans le savoir du rôle d'inspiratrice qu'elle avait assumé jusque-là. Dès le lendemain, Baudelaire lui adressait la lettre la plus décevante qu'un amant comblé ait peut-être jamais écrite, et où, mêlant le tu au vous, il passe de l'amour au marivaudage, de la tendresse au cynisme, avec une douloureuse désinvolture :

« ... Je t'ai dit hier : Vous m'oublierez ; vous me trahirez ; celui qui vous amuse vous ennuiera. – Et j'ajoute aujourd'hui : celui-là seul souffrira qui comme un imbécile prend au sérieux les choses de l'âme. – Vous voyez, ma bien belle chérie, que j'ai d'odieux préjugés à l'endroit des femmes. – Bref, je n'ai pas la foi. – Vous avez l'âme belle, mais en somme, c'est une âme féminine.

« ... Et enfin, enfin, il y a quelques jours, tu étais une divinité, ce qui est si commode, ce qui est si beau, si inviolable. Te voilà femme maintenant.

« ... Enfin, arrive ce qui pourra. Je suis un peu fataliste. Mais ce que je sais bien, c'est que j'ai horreur de la passion, – parce que je la connais avec toutes ses ignominies ; – et voilà que l'image aimée qui dominait toutes les aventures de la vie devient trop séduisante.

« Je n'ose pas trop relire cette lettre ; je serais peut-être obligé de la modifier ; car je crains bien de vous affliger ; il me semble que j'ai dû laisser percer quelque chose de la vilaine partie de mon caractère. »

À ces quelques extraits, on conçoit qu'une telle profession, non de foi mais d'absence de foi, suscite encore des commentaires. Mme Sabatier se crut dédaignée au profit de Jeanne Duval. Elle glissa dans son exemplaire des *Fleurs du Mal* un portrait de la mulâtresse dessiné par Baudelaire et inscrivit, en guise de légende : « Son idéal ! » Elle se trompait, mais où était la vérité ? Les explications possibles sont trop nombreuses, et peut-être n'en est-il aucune qui soit juste. Peut-être Baudelaire est-il sorti de cet amour « comme l'on sortirait d'un songe ». À coup sûr, il était né solitaire et le devait rester.

CES DEUX IMBÉCILES

Dans *Mon cœur mis à nu,* Baudelaire confesse avoir éprouvé de bonne heure le sentiment de la solitude :

« Sentiment de "solitude", dès mon enfance. Malgré la famille, – et au milieu de mes camarades souvent, – sentiment de destinée éternellement solitaire. »

Il semble bien que la perte de son père, en 1827, et surtout, dès l'année suivante, le second mariage de sa mère n'aient pas été étrangers à la naissance de ce sentiment, que l'âge devait changer en conviction et l'existence en habitude.

À sa solitude dans un foyer qui avait cessé d'être le sien pour devenir celui du commandant Aupick, avait succédé bientôt la solitude dans des collèges où ç'eût été miracle que sa nature instable lui permît de nouer des liens d'étroite camaraderie. Condamné à être seul et confusément persuadé que cette condamnation était sans appel, il se comporta dès lors comme s'il eût pris le parti d'être aussi seul que possible et de s'exclure de toute société (famille, école, métier, groupe politique) par une singularité préméditée.

Sans doute une telle attitude ne pouvait-elle être rigoureusement observée ; on relèverait aisément, dans la vie de Baudelaire ou dans ses écrits, des faits ou des textes qui le montrent dans une autre posture que celle du réprouvé ou de cet égotiste appliqué qu'il nomme « dandy ». Il n'en reste pas moins que la solitude d'abord subie, puis choisie comme par défi, inspire et nourrit l'essentiel de son œuvre.

Ni l'amour ni l'art n'écartent de lui le sentiment de la solitude. Ils n'altèrent en rien son orgueil d'être seul. Au contraire, la conscience qu'il a de son isolement, et de la qualité de celui-ci, lui fait voir dans toute communion avec autrui – que ce soit en amour, en art, en politique – une « prostitution » ; et s'il est exact, comme l'ont fait remarquer quelques-uns de ses commentateurs, que, dans l'acception très générale qu'il lui prête, le mot de prostitution n'implique pas d'idée de vénalité ou d'impudicité, on peut du moins présumer que son allure péjorative n'a pas été étrangère au choix et à l'usage qu'il en fait.

Au reste, s'il a écrit dans *Fusées* que « l'amour, c'est le goût de la prostitution », il ne s'ensuit pas – loin de là – qu'il considère comme accompli dans l'amour l'abandon total et le don de soi. On le voit au contraire, dans *Mon cœur mis à nu,* dénoncer la duperie que constitue à ses yeux la communion du couple :

« Dans l'amour comme dans presque toutes les affaires humaines, l'entente cordiale est le résultat d'un malentendu. Ce malentendu, c'est le plaisir. L'homme crie : "Oh ! mon ange !" La femme roucoule : "Maman ! maman !" Et ces deux imbéciles sont persuadés qu'ils pensent de concert. – Le gouffre infranchissable, qui fait l'incommunicabilité, reste infranchi. »

Mais si l'amour n'est pas le don de soi, il ne reste à l'amour que d'être « naturel », c'est-à-dire d'être « le péché ». D'où tant de notes de ses feuillets intimes, tant de ses poèmes et de ses proses où Baudelaire exprime, à travers sa condamnation de l'amour, une misogynie qui vient de loin, et d'autant plus vive que son appétit du « monde féminin » ne cesse de le tyranniser.

On lit dans *Fusées* :

« Je crois que j'ai déjà écrit dans mes notes que l'amour ressemblait fort à une torture ou à une opération chirurgicale. Mais cette idée peut être développée de la manière la plus amère. Quand même les deux amants seraient très épris et très pleins de désirs réciproques, l'un des deux sera toujours plus calme ou moins possédé que l'autre. Celui-là, ou celle-là, c'est l'opérateur, ou le bourreau ; l'autre, c'est le sujet, la victime. Entendez-vous ces soupirs, préludes d'une tragédie du déshonneur, ces gémissements, ces cris, ces râles ? Qui ne les a proférés, qui ne les a irrésistiblement extorqués ? Et que trouvez-vous de pire dans la question appliquée par de soigneux tortionnaires ? Ces yeux de somnambule révulsés, ces membres dont

■ *Charles Baudelaire,* par Gustave Courbet, 1847. « Samuel [Cramer], un soir, eut l'idée de sortir [...]. Il souffla résolument ses deux bougies dont l'une palpitait encore sur un volume de Swedenborg, et l'autre s'éteignait sur un de ces livres honteux dont la lecture n'est profitable qu'aux esprits possédés d'un goût immodéré de la vérité. » Charles Baudelaire, *La Fanfarlo,* 1847. (Montpellier, musée Fabre.)

les muscles jaillissent et se roidissent comme sous l'action d'une pile galvanique, l'ivresse, le délire, l'opium, dans leurs plus furieux résultats, ne vous en donneront certes pas d'aussi affreux, d'aussi curieux exemples. Et le visage humain, qu'Ovide croyait façonné pour refléter les astres, le voilà qui ne parle plus qu'une expression de férocité folle ou qui se détend dans une espèce de mort. Car, certes, je croirais faire un sacrilège en appliquant le mot "extase" à cette sorte de décomposition.

« – Épouvantable jeu où il faut que l'un des joueurs perde le gouvernement de soi-même !

« Une fois il fut demandé devant moi en quoi consistait le plus grand plaisir de l'amour. Quelqu'un répondit naturellement : à recevoir, – et un autre : à se donner. – Celui-ci dit : plaisir d'orgueil ! – et celui-là : volupté d'humilité ! Tous ces orduriers parlaient comme "l'Imitation de Jésus-Christ". – Enfin il se trouva un impudent utopiste qui affirma que le plus grand plaisir de l'amour était de former des citoyens pour la patrie.

« Moi, je dis : la volupté unique et suprême de l'amour gît dans la certitude de faire le "mal". – Et l'homme et la femme savent de naissance que dans le mal se trouve toute volupté. »

Et dans *Mon cœur mis à nu* :

« Il y a dans tout homme, à toute heure, deux postulations simultanées, l'une vers Dieu, l'autre vers Satan. L'invocation à Dieu, ou spiritualité, est un désir de monter en grade ; celle de Satan, ou animalité, est une joie de descendre. C'est à cette dernière que doivent être rapportées les amours pour les femmes et les conversations intimes avec les animaux, chiens, chats, etc. »

■ *Pèlerinage à l'Île de Cythère,* par Jean-Antoine Watteau. Charles Baudelaire, à propos des *Odalisques* d'Ingres, écrit : « Si l'île de Cythère commandait un tableau à M. Ingres, à coup sûr il ne serait pas folâtre et riant comme celui de Watteau, mais robuste et nourrissant comme l'amour antique. » *Le Musée classique du Bazar Bonne-Nouvelle,* 1846. (Paris, musée du Louvre.)

Un musée de l'amour

Sans doute convient-il de retenir que les textes que nous venons de citer appartiennent aux dix dernières années, qui furent les plus noires, de la vie de Baudelaire : Jacques Crépet assigne aux notes de *Fusées* les dates extrêmes de 1855-1862, – à *Mon cœur mis à nu* celles de 1859-1866. Mais, dès le mois de mars 1846, c'est-à-dire en un temps où Baudelaire pouvait encore écrire à sa mère qu'il n'avait jamais été « doté d'espoirs aussi clairs », on trouve, dans le chapitre de son *Salon* consacré aux sujets amoureux, des pages dont la vivacité ne saurait faire oublier la saveur, déjà douce-amère, de fruit trop avancé :

« Vous est-il arrivé, comme à moi, de tomber dans de grandes mélancolies, après avoir passé de longues heures à feuilleter des estampes libertines ? Vous êtes-vous demandé la raison du charme qu'on trouve parfois à fouiller ces annales de la luxure, enfouies dans les bibliothèques ou perdues dans les cartons des marchands, et parfois aussi de la mauvaise humeur qu'elles vous donnent ? Plaisir et douleur mêlés, amertume dont la lèvre a toujours soif ! – Le plaisir est de voir représenté sous toutes ses formes le sentiment le plus important de la nature, – et la colère, de le trouver souvent si mal imité ou si sottement calomnié. Soit dans les interminables soirées d'hiver au coin du feu, soit dans les lourds loisirs de la canicule, au coin des boutiques de vitriers, la vue de ces dessins m'a mis sur des pentes de rêverie immenses, à peu près comme un livre obscène nous précipite vers les océans mystiques du bleu. Bien des fois je me suis senti pris à désirer, devant ces innombrables échantillons du sentiment de chacun, que le poète, le curieux, le philosophe pussent se donner la jouissance d'un musée de l'amour, où tout aurait sa place, depuis la tendresse inappliquée de sainte Thérèse jusqu'aux débauches sérieuses des siècles ennuyés. Sans doute la distance est immense qui sépare *le Départ pour l'île de Cythère* des misérables coloriages suspendus dans les chambres des filles, au-dessus d'un pot fêlé et d'une console branlante ; mais dans un sujet aussi important rien n'est à négliger. Et puis le génie sanctifie toutes choses, et si ces sujets étaient traités avec le soin et le recueillement nécessaires, ils ne seraient point souillés par cette obscénité révoltante, qui est plutôt une fanfaronnade qu'une vérité.

« Que le moraliste ne s'effraie pas trop ; je saurai garder les justes mesures, et mon rêve d'ailleurs se bornait à désirer ce poème immense de l'amour crayonné par les mains les plus pures, par Ingres, par Watteau, par Rubens, par Delacroix ! Les folâtres et élégantes princesses de Watteau, à côté des Vénus sérieuses et reposées de M. Ingres ; les splendides blancheurs de Rubens

■ « Bribes. » Vers « réservés » par Charles Baudelaire. Ces trois pages de vers, recopiées avec soin à l'encre, par provision, témoignent de la passion de Baudelaire pour la perfection. (Paris, Bibl. littéraire Jacques-Doucet.)

et de Jordaens, et les mornes beautés de Delacroix, telles qu'on peut se les figurer : de grandes femmes pâles, noyées dans le satin !

« Ainsi pour rassurer complètement la chasteté effarouchée du lecteur, je dirai que je rangerais dans les sujets amoureux, non seulement tous les tableaux qui traitent spécialement de l'amour, mais encore tout tableau qui respire l'amour, fût-ce un portrait.

« Dans cette immense exposition, je me figure la beauté et l'amour de tous les climats exprimés par les premiers artistes ; depuis les folles, évaporées et merveilleuses créatures que nous a laissées Watteau fils dans ses gravures de mode, jusqu'à ces Vénus de Rembrandt qui se font faire les ongles, comme de simples mortelles, et peigner avec un gros peigne de buis.

« Les sujets de cette nature sont chose si importante, qu'il n'est point d'artiste, petit ou grand, qui ne s'y soit

appliqué, secrètement ou publiquement, depuis Jules
Romain jusqu'à Devéria et Gavarni.

« Leur grand défaut, en général, est de manquer de
naïveté et de sincérité. Je me rappelle pourtant une
lithographie qui exprime, – sans trop de délicatesse
malheureusement, – une des grandes vérités de
l'amour libertin. Un jeune homme déguisé en femme
et sa maîtresse habillée en homme sont assis à côté
l'un de l'autre, sur un "sopha", – le sopha que vous
savez, le sopha de l'hôtel garni et du cabinet particulier. La jeune femme veut relever les jupes de son
amant. – Cette page luxurieuse serait, dans le musée
idéal dont je parlais, compensée par bien d'autres

■ *La Grande
Odalisque,* par
Ingres, 1814.
« Il y a dans le
dessin de M. Ingres
des recherches d'un
goût particulier,
des finesses
extrêmes, dues
peut-être à des
moyens singuliers.
Par exemple, nous
ne serions pas
étonné qu'il se fût
servi d'une
négresse pour
accuser plus
vigoureusement
dans l'*Odalisque*
certains
développements
et certaines
sveltesses. »
Charles Baudelaire,
*Le Musée classique
du Bazar Bonne-
Nouvelle,* 1846.
(Paris, musée du
Louvre.)

où l'amour n'apparaîtrait que sous sa forme la plus délicate. »

Si cette méditation sur un musée de l'amour devait être rangée sous l'une des rubriques habituelles, on pourrait hésiter entre l'éthique et l'esthétique. En réalité, elle ressortit à une science particulière à notre auteur : le dandysme. C'est en effet un dandy, – le dandy selon Baudelaire, – qui s'y exprime. Seul ce personnage de finesse et de loisir pouvait imaginer ce musée d'un éro- tisme savant et délicat, où eussent voisiné les postures de l'Arétin gravées par Jules Romain et par Carrache, les fri- catrices de Fragonard, les odalisques de M. Ingres et les travestis de Gavarni.

LE DANDY

Mais qu'est exactement le « dandy » selon Baudelaire ? Ce mot revient constamment sous sa plume, et l'on sait qu'il se promettait de lui consacrer tout un essai. Si ce projet n'a pas été réalisé, du moins a-t-il reçu un commencement d'exécution avec le chapitre du *Peintre de la vie moderne* où Baudelaire développe assez longuement sa théorie du dandysme.

Ces pages ont leur place ici, car, quoique le dandy qui s'y trouve défini doive disposer d'une fortune et d'une tranquillité que Baudelaire n'avait pas, il est clair que ce personnage d'exception n'est que la projection d'un Baudelaire idéal conçu par Baudelaire lui-même.

Le dandy, ou Baudelaire heureux.

« L'homme riche, oisif, et qui, même blasé, n'a pas d'autre occupation que de courir à la piste du bonheur ; l'homme élevé dans le luxe et accoutumé dès sa jeunesse à l'obéissance des autres hommes, celui enfin qui n'a pas d'autre profession que l'élégance, jouira toujours, dans tous les temps, d'une physionomie distincte, tout à fait à part. Le dandysme est une institution vague, aussi bizarre que le duel, très-ancienne, puisque César, Catilina, Alcibiade nous en fournissent des types éclatants, très-générale, puisque Chateaubriand l'a trouvée dans les forêts et au bord des lacs du Nouveau-Monde. Le dandysme, qui est une institution en dehors des lois, a des lois rigoureuses auxquelles sont strictement soumis tous ses sujets, quelles que soient d'ailleurs la fougue et l'indépendance de leur caractère. Les romanciers anglais ont, plus que les autres, cultivé le roman de *high life*, et les Français qui, comme M. de Custine, ont voulu spécialement écrire des romans d'amour, ont d'abord pris soin, et très judicieusement, de doter leurs personnages de fortunes assez vastes pour payer sans hésitation toutes leurs fantaisies ; ensuite ils les ont dispensés de toute profession. Ces êtres n'ont pas d'autre état que de cultiver

■ Charles Baudelaire, par Nadar, vers 1856. « En voyant cette tête toujours singulière [...] – lèvres serrées et amères, mauvaises, cheveux argentés avant l'âge [...], visage glabre, cléricalement rasé jusqu'au scrupule –, le passant saisi, comme inquiet, songeait : "Celui-là n'est pas tout le monde." » Nadar, *Charles Baudelaire intime – Le Poète vierge.* (Paris, musée d'Orsay.)

l'idée du beau dans leur personne, de satisfaire leurs
passions, de sentir et de penser. Ils possèdent ainsi, à
leur gré et dans une vaste mesure, le temps et l'argent,
sans lesquels la fantaisie, réduite à l'état de rêverie pas-
sagère, ne peut guère se traduire en action. Il est malheureusement bien vrai que, sans le loisir et l'argent,
l'amour ne peut être qu'une orgie de roturier ou
l'accomplissement d'un devoir conjugal. Au lieu du
caprice brûlant ou rêveur, il devient une répugnante
"utilité".

« Si je parle de l'amour à propos du dandysme, c'est què l'amour est l'occupation naturelle des oisifs. Mais le dandy ne vise pas à l'amour comme but spécial. Si j'ai parlé d'argent, c'est parce que l'argent est indispensable aux gens qui se font un culte de leurs passions ; mais le dandy n'aspire pas à l'argent comme à une chose essentielle ; un crédit indéfini pourrait lui suffire ; il abandonne cette grossière passion aux mortels vulgaires. Le dandysme n'est même pas, comme beaucoup de personnes peu réfléchies paraissent le croire, un goût immodéré de la toilette et de l'élégance matérielle. Ces choses ne sont pour le parfait dandy qu'un symbole de

■ Charles Baudelaire, autoportrait, 1862-1863.
« L'œil, petit et noir, était inquisiteur et ironique, la bouche aux lèvres minces, fine et discrète comme celle d'un diplomate, d'un prêtre ou d'un médecin. Le front était haut et bien coupé. »
Charles Joliet, 1867.
(Paris, Cabinet des dessins du musée du Louvre.)

la supériorité aristocratique de son esprit. Aussi, à ses yeux, épris avant tout de "distinction", la perfection de la toilette consiste-t-elle dans la simplicité absolue, qui est, en effet, la meilleure manière de se distinguer. Qu'est-ce donc que cette passion qui, devenue doctrine, a fait des adeptes dominateurs, cette institution non écrite qui a formé une caste si hautaine ? C'est avant tout le besoin ardent de se faire une originalité, contenu dans les limites extérieures des convenances. C'est une espèce de culte de soi-même qui peut survivre à la recherche du bonheur à trouver dans autrui, dans la femme, par exemple ; qui peut survivre même à tout ce qu'on appelle les illusions. C'est le plaisir d'étonner et la satisfaction orgueilleuse de ne jamais être étonné. Un dandy peut être un homme blasé, peut être un homme souffrant ; mais, dans ce dernier cas, il souffrira comme le Lacédémonien sous la morsure du renard.

« On voit que, par de certains côtés, le dandysme confine au spiritualisme et au stoïcisme. Mais un dandy ne peut jamais être un homme vulgaire. S'il commettait un crime, il ne serait pas déchu peut-être ; mais si ce crime naissait d'une source triviale, le déshonneur serait irréparable. Que le lecteur ne se scandalise pas de cette gravité dans le frivole, et qu'il se souvienne qu'il y a une grandeur dans toutes les folies, une force dans tous les excès. Étrange spiritualisme ! Pour ceux qui en sont à la fois les prêtres et les victimes, toutes les conditions matérielles compliquées auxquelles ils se soumettent, depuis la toilette irréprochable à toute heure du jour et de la nuit jusqu'aux tours les plus périlleux du sport, ne sont qu'une gymnastique propre à fortifier la volonté et à discipliner l'âme. En vérité, je n'avais pas tout à fait tort de considérer le dandysme comme une espèce de religion. La règle monastique la plus rigoureuse, l'ordre irrésistible du "Vieux de la Montagne", qui commandait le suicide à ses disciples enivrés, n'étaient pas plus despotiques ni plus obéis que cette doctrine de l'élégance et de l'originalité, qui impose, elle aussi, à ses ambitieux et humbles sectaires, hommes souvent pleins de fougue, de passion, de courage, d'énergie contenue, la terrible formule : *Perinde ac cadaver* !

« Que ces hommes se fassent nommer raffinés, incroyables, beaux, lions ou dandys, tous sont issus d'une même origine ; tous participent du même caractère d'opposition et de révolte ; tous sont des représentants de ce qu'il y a de meilleur dans l'orgueil humain, de ce besoin, trop rare chez ceux d'aujourd'hui, de combattre et de détruire la trivialité. De là naît, chez les dandys, cette attitude hautaine de caste, provocante même dans sa froideur. Le dandysme apparaît surtout aux époques transitoires où la démocratie n'est pas encore toute-puissante, où l'aristocratie n'est que partiellement chancelante et avilie. Dans le trouble de ces époques, quelques hommes déclassés, dégoûtés, désœuvrés, mais tous riches de force native, peuvent concevoir le projet de fonder une espèce nouvelle d'aristocratie, d'autant plus difficile à rompre qu'elle sera basée sur les facultés les plus précieuses, les plus indestructibles, et sur les dons célestes que le travail et l'argent ne peuvent conférer. Le dandysme est le dernier éclat d'héroïsme dans les décadences ; et le type du dandy retrouvé par le voyageur dans l'Amérique du Nord n'infirme en aucune façon cette idée ; car rien n'empêche de supposer que les tribus que nous nommons "sauvages" soient les débris de grandes civilisations disparues. Le dandysme est un soleil couchant ; comme l'astre qui décline, il est superbe, sans chaleur et plein de mélancolie. Mais, hélas ! la marée montante de la démocratie, qui envahit tout et qui nivelle tout, noie jour à jour ces derniers représentants de l'orgueil humain et verse des flots d'oubli sur les traces de ces prodigieux myrmidons. Les dandys se font chez nous de plus en plus rares, tandis que chez nos voisins, en Angleterre, l'état social et la constitution (la vraie constitution, celle qui s'exprime par les mœurs) laisseront longtemps encore une place aux héritiers de Sheridan, de Brummell et de Byron, si toutefois il s'en présente qui en soient dignes. »

L'essai sur Guys auquel appartiennent ces pages sur le dandysme fut rédigé à la fin de 1859 et dans les premières semaines de 1860. Les préoccupations qui s'y expriment apparaissent d'ailleurs également dans les feuillets de *Fusées* et de *Mon cœur mis à nu,* contemporains ou postérieurs à l'étude sur Guys. L'appétence de Baudelaire pour le dandysme se sera donc manifestée jusque dans les dernières années de sa vie. Son comportement habituel dans la société montre du reste que, si vifs et si pressants qu'aient pu être ses besoins d'argent, rien ne l'aura davantage tourmenté que le souci de conserver, même dans les pires circonstances, la distinction qui fait du dandy un véritable prince de l'esprit.

Il note dans *Mon cœur mis à nu* :

« "Dandysme." – Qu'est-ce que l'homme supérieur ? Ce n'est pas le spécialiste. C'est l'homme de loisir et d'éducation générale. »

Et un peu plus loin :

« C'est par le loisir que j'ai, en partie, grandi.

« À mon grand détriment ; car le loisir, sans fortune, augmente les dettes, les avanies résultant des dettes.

« Mais à mon grand profit, relativement à la sensibilité, à la méditation et à la faculté du dandysme et du dilettantisme. »

Sa non-spécialisation et son irrépressible penchant à la flânerie

■ Jules Barbey d'Aurevilly, par Émile Levy, 1881. Un allié, un ami, un modèle de dandysme, un admirateur de ses traductions de Poe, un interprète catholique des *Fleurs du Mal,* tel fut Jules Barbey d'Aurevilly pour Charles Baudelaire, lequel le surnommait « vieux mauvais sujet ». (Musée national du château de Versailles.)

■ *La Musique aux Tuileries*, par Édouard Manet, 1862. Charles Baudelaire, de profil, en haut-de-forme, apparaît au second plan ; signe de l'amitié qui unit les deux artistes. (Londres, National Gallery.)

auraient-ils donc fait de lui le dandy qu'il souhaitait, si la fortune avait consenti à lui venir en aide ? Pas tout à fait, car il lui eût encore fallu acquérir l'impassibilité absolue qu'il exige du dandy. Quand il écrit, dans *Mon*

cœur mis à nu : « Le dandy doit aspirer à être sublime
sans interruption ; il doit vivre et dormir devant un
miroir », il ne s'énonce pas tel qu'il se voit, mais tel
qu'il se veut.

CROSSE L'ENNEMI DES ROSES !

L'antonyme du dandy, ce qui s'oppose le plus exactement à cette personnalité choisie et cultivée, c'est la multitude, la foule, le peuple (la bourgeoisie faisant évidemment partie de cette multitude). Aussi n'est-il pas surprenant que Baudelaire, quand il s'avise de considérer le peuple, en vienne très vite à le traiter de Turc à More :

« Vous figurez-vous un dandy parlant au peuple, excepté pour le bafouer ? » *(Mon cœur mis à nu.)*

« ... Et le peuple amoureux du fouet abrutissant. » *(Les Fleurs du Mal, Le Voyage.)*

« Le vrai saint est celui qui fouette et tue le peuple pour le bien du peuple. » *(Fusées.)*

Ses feuillets intimes le montrent en cette matière très imprégné de Joseph de Maistre, dont le style tranchant, l'impertinence et la misogynie étaient bien pour le séduire. Dans sa préface à la traduction des *Nouvelles Histoires extraordinaires,* il cite également avec plaisir le propos d'Edgar Poe selon lequel « le peuple n'a rien à faire avec les lois, si ce n'est de leur obéir. Le nez d'une populace, c'est son imagination ; c'est par ce nez qu'on pourra toujours facilement la conduire ». Il note d'ailleurs dans *Fusées* : « De Maistre et Edgar Poe m'ont appris à raisonner. »

Son horreur de la démocratie est telle que les préventions qu'il nourrit contre elle se renforcent, chemin faisant, d'arguments inattendus. On lit par exemple dans *Fusées* :

« Pourquoi les démocrates n'aiment pas les chats, il est facile de le deviner. Le chat est beau ; il révèle des idées de luxe, de propreté, de volupté, etc. »

On pourrait être tenté d'attribuer aux échecs successifs de Baudelaire, à la condamnation des *Fleurs du Mal* et plus encore à l'incompréhension générale que son œuvre rencontrait, l'attitude qu'on vient de le voir prendre. Que ses échecs l'aient durci dans cette attitude, cela est vraisemblable, mais ils n'ont pu que l'y durcir. Il est certain qu'en un temps où « l'espérance brillait encore aux carreaux de l'auberge », notamment en ce printemps de 1846 où il se dépensait avec une sorte de frénésie joyeuse, il livrait déjà à l'impression des pages que ne devaient nullement contredire les aphorismes féroces de ses derniers feuillets.

Dès 1846, la vulgarité dans l'art lui fournit l'occasion de manifester son mépris du peuple, ennemi du beau. Mépris qui s'exprime sans doute alors avec plus d'ironie et de bouffonnerie que d'âpreté, – mépris tout de même :

« Avez-vous éprouvé, vous tous que la curiosité du flâneur a souvent fourrés dans une émeute, la même joie que moi à voir un gardien du sommeil public, – sergent de ville ou municipal, la véritable armée, – crosser un républicain ? Et comme moi, vous avez dit dans votre cœur : "Crosse, crosse un peu plus fort, crosse, crosse, municipal de mon cœur ; car en ce crossement suprême, je t'adore, et te juge semblable à Jupiter, le grand justicier. L'homme que tu crosses est un ennemi des roses et des parfums, un fanatique des ustensiles ; c'est un ennemi de Watteau, un ennemi de Raphaël, un ennemi acharné du luxe, des beaux-arts et des belles lettres, iconoclaste juré, bourreau de Vénus et d'Apollon ! Il ne veut plus travailler, humble et anonyme ouvrier, aux roses et aux parfums publics ; il veut être libre, l'ignorant, et il est incapable de fonder un atelier de fleurs et de parfumeries nouvelles. Crosse religieusement les omoplates de l'anarchiste !"

« Ainsi, les philosophes et les critiques doivent-ils impitoyablement crosser les singes "artistiques", ouvriers émancipés, qui haïssent la force et la souveraineté du génie. » (Salon de 1846.)

LA SÉDUCTION DE DUPONT

Par une curieuse rencontre, l'année 1846, qui vient d'entendre Baudelaire encourager la force publique à « crosser le républicain », est aussi celle qui le voit s'attendrir sur la misère ouvrière. Aurait-il viré de bord et rallié le camp fraternitaire, avant même que Hugo ne se jette dedans ? Sa notice sur son ami le chansonnier Pierre Dupont nous présente le Baudelaire le plus déconcertant qui soit : infidèle à lui-même, à son esthétique, à sa poésie, à son goût de la solitude et de la rêverie, – infidèle à tout, pourrait-on dire, sauf à son amitié pour Dupont !

Il n'est plus question cette fois d'assommer l'« humble et anonyme ouvrier », mais au contraire de lui offrir les roses que ce butor ne voulait plus cultiver pour l'agrément du dandy. Écoutons un instant ce Baudelaire socialiste, révélé à lui-même par l'audition des vers de Pierre Dupont :

« Quand j'entendis cet admirable cri de douleur et de mélancolie [*Le Chant des Ouvriers,* 1846], je fus ébloui et attendri. Il y avait tant d'années que nous attendions un peu de poésie forte et vraie ! Il est impossible, à quelque parti qu'on appartienne, de quelques préjugés qu'on ait été nourri, de ne pas être touché du spectacle de cette multitude maladive respirant la poussière des ateliers, avalant du coton, s'imprégnant de céruse, de mercure et de tous les poisons nécessaires à la création des chefs-d'œuvre, dormant dans la vermine, au fond des quartiers où les vertus les plus humbles et les plus grandes nichent à

■ Pierre Dupont. Charles Baudelaire connaît Pierre Dupont depuis 1840, il lui a consacré deux études (1851 et 1860). « Il me chanta, écrit Charles Baudelaire de Pierre Dupont en 1860, le magnifique *Chant des Ouvriers* [...] : si rhéteur qu'il faille être, si rhéteur que je sois et si fier que je sois de l'être, pourquoi rougirais-je d'avouer que je fus profondément ému ? »

côté des vices les plus endurcis et des vomissements du bagne ; de cette multitude soupirante et languissante à qui "la terre doit ses merveilles" ; qui sent "un sang vermeil et impétueux couler dans ses veines" ; qui jette un long regard chargé de tristesse sur le soleil et l'ombre des grands parcs, et qui, pour suffisante consolation et réconfort, répète à tue-tête son refrain sauveur : "Aimons-nous !..."

« Dès lors la destinée de Dupont était faite : il n'avait plus qu'à marcher dans la voie découverte. Raconter les joies, les douleurs et les dangers de chaque métier, et éclairer tous ces aspects particuliers et tous ces horizons divers de la souffrance et du travail humain par une philosophie consolatrice, tel était le devoir qui lui incombait, et qu'il accomplit patiemment. Il viendra un temps où les accents de cette Marseillaise du travail circuleront comme un mot d'ordre maçonnique, et où l'exilé, l'abandonné, le voyageur perdu, soit sous le ciel dévorant des tropiques, soit dans les déserts de neige, quand il entendra cette forte mélodie parfumer l'air de sa senteur originelle,

> Nous dont la lampe le matin
> Au clairon du coq se rallume,
> Nous tous qu'un salaire incertain
> Ramène avant l'aube à l'enclume,

pourra dire : je n'ai plus rien à craindre : je suis en France.

« ... Quel est le grand secret de Dupont, et d'où vient cette sympathie qui l'enveloppe ? Ce grand secret, je vais vous le dire, il est bien simple ; il n'est ni dans l'acquis, ni dans l'ingéniosité, ni dans l'habileté du faire, ni dans la plus ou moins grande quantité de procédés que l'artiste a puisés dans le fonds commun du savoir humain ; il est dans l'amour de la vertu et de l'humanité, et dans ce je ne sais quoi qui s'exhale incessamment de sa poésie, que j'appellerai volontiers le goût infini de la République. »

Il est assez piquant de rapprocher de ces lignes sur l'altruisme de Dupont et sur la sympathie qu'inspire ce cœur généreux, les sarcasmes que Baudelaire devait trouver plus tard pour commenter une dédicace de Hugo. Dans une lettre à Édouard Manet, le 28 octobre 1865, il dit, des quelques mots que Hugo a mis pour lui sur un exemplaire des *Chansons des rues et des bois* (« À Charles Baudelaire, *jungamus dextras* ») :

« Cela, je crois, ne veut pas dire seulement : "donnons-nous une mutuelle poignée de mains". Je connais les sous-entendus du latin de Victor Hugo. Cela veut dire aussi : "unissons nos mains, pour sauver le genre humain". Mais je me fous du genre humain, et il ne s'en est pas aperçu. »

Mais ni en 1846, quand il se laissait émouvoir par *Le Chant des Ouvriers* de Dupont, ni en 1851, quand il rédigeait sa notice enthousiaste sur le chansonnier lyonnais, Baudelaire n'avait encore « appris à raisonner » chez de Maistre. Il cédait comme il a toujours fait, même dans ses moments les plus réfléchis, au besoin d'interpréter ses sensations, et il avait été sensible – il s'en souvenait encore en 1861 – à « la voix si charmante » de Dupont lui chantant son *Chant des Ouvriers*.

■ *Trois Ramoneurs, quai Bourbon,* photographie de Charles Nègre, 1851.
« Allons, du courage,/ Braves ouvriers !/ Du cœur à l'ouvrage !/ Soyons les premiers. »
Vers de Pierre Dupont cités par Charles Baudelaire dans son étude sur le poète populaire en 1851. (Paris, musée d'Orsay.)

TOUJOURS ÊTRE IVRE

Les événements de février 1848 agissent sur Baudelaire d'une manière analogue : l'émeute le séduit comme l'avait séduit une chanson. Un de ses amis l'aperçoit le 24 au soir, au carrefour de Buci, parmi des insurgés qui viennent de mettre au pillage une boutique d'armurier. Il porte, raconte Jules Buisson, « un beau fusil à deux coups et une superbe cartouchière de cuir jaune », et crie qu'il faut « aller fusiller le général Aupick » ! Attitude fort éloignée du dandysme et de son flegme.

Sans doute ses amitiés se trouvaient-elles alors du côté des républicains, mais il ne semble pas que ce soient elles qui, en ces jours de février, déterminent sa conduite. On dirait plutôt qu'il s'abandonne à l'une de ces ivresses dont un de ses *Petits Poèmes en prose* (*Enivrez-vous*) soulignera la nécessité :

« Il faut toujours être ivre. Tout est là : c'est l'unique question. Pour ne pas sentir l'horrible fardeau du Temps qui brise vos épaules et vous penche vers la terre, il faut vous enivrer sans trêve.

« Mais de quoi ? De vin, de poésie ou de vertu, à votre guise. Mais enivrez-vous. »

En février 1848, c'est l'ivresse révolutionnaire qui est à sa portée. L'excitation qu'il y trouve s'accroît du furieux plaisir de faire pièce à son beau-père, le général Aupick, à qui la protection des princes d'Orléans avait valu un avancement rapide et le commandement de l'École polytechnique.

Au reste, en quelques notes laconiques de *Mon cœur mis à nu*,

■ Le général Aupick, vers 1852 ; lithographie de Noël. De naissance humble, James Aupick fit une belle carrière : général de brigade (1839), ambassadeur (1848), sénateur (1853). Il consentait à la vocation littéraire de son beau-fils, mais ne pouvait en comprendre le dérèglement. (Paris, B.N.F.)

il confessera plus tard qu'aucune conviction politique
ne l'animait durant ces journées de février :

« Mon ivresse en 1848.

« De quelle nature était cette ivresse ?

« Goût de la vengeance. Plaisir "naturel" de la démo-
lition.

« Ivresse littéraire ; souvenir des lectures. »

Il voudra même ne plus voir alors dans la troisième
Révolution qu'un épisode historique « charmant par
l'excès même du ridicule ».

Rien ne nous renseigne sur son attitude au
2 décembre, sinon trois lignes de *Mon cœur mis à nu* :

« Ma fureur au coup d'État. Combien j'ai essuyé de
coups de fusil. Encore un Bonaparte !

« Quelle honte ! »

■ Notes manuscrites pour *Mon cœur mis à nu*. Le projet
et le titre viennent des *Marginalia* d'Edgar Poe : « S'il prenait
à un homme ambitieux l'envie de révolutionner, d'un seul coup,
l'univers de la pensée humaine, de l'opinion humaine et
du sentiment humain, l'occasion est là, la route de la renommée
immortelle s'ouvre devant lui, droite et sans embarras. Tout
ce qu'il a à faire est d'écrire et de publier un tout petit livre.
Le titre devrait en être simple, quelques mots ordinaires :
"Mon cœur mis à nu". »

LES BRIGANDS SEULS SONT CONVAINCUS...

Mais ce qu'il a pu dire çà et là sur la politique montre bien qu'il ne lui a jamais accordé qu'une attention très intermittente, celle d'un observateur assez détaché des événements pour ne les considérer que d'une certaine hauteur et avec un certain recul. Dans une lettre du 5 mars 1852, il dit à son conseil judiciaire Me Ancelle, alors maire de Neuilly où lui-même était inscrit sur les listes électorales :

« Vous ne m'avez pas vu au vote ; c'est un parti pris chez moi. Le 2 décembre m'a physiquement dépolitiqué. Il n'y a plus d'idées générales. Que tout Paris soit orléaniste, c'est un fait, mais cela ne me regarde pas. Si

■ Gustave Courbet, photographié par Étienne Carjat. Charles Baudelaire et Gustave Courbet ont participé ensemble aux événements de 1848. « 1848 ne fut charmant que par l'excès même du ridicule », note Charles Baudelaire dans *Mon cœur mis à nu*. (Paris, musée Carnavalet.)

■ Portrait de Champfleury, par Adrien Tournachon, 1855. Lors des événements de 1848, Champfleury et Charles Baudelaire fondent un petit journal qui connaîtra deux numéros : *Le Salut public*. « Toutes les idées politiques de Champfleury se bornaient à détester le municipal. Baudelaire aimait la Révolution comme tout ce qui était violent et anormal [...]. Courbet nous fit une vignette représentant un homme du peuple sur une barricade. » Charles Toubin, *Souvenirs d'un septuagénaire*. (Paris, musée d'Orsay.)

j'avais voté, je n'aurais pu voter que pour moi. Peut-être l'avenir appartient-il aux hommes "déclassés" ? »

Désormais, on ne le verra plus s'écarter du principe qu'il faut soigneusement éviter tous les partis et toutes les factions, qu'ils soient politiques, philosophiques ou littéraires. En février 1848, il avait apporté au projet de « Société Républicaine Centrale » formé par Blanqui une adhésion qu'il devait négliger de maintenir quand, quelques jours plus tard, ce projet prit corps. Après le 2 décembre, il se gardera de commettre pareille sottise. L'idée même qu'on veuille l'apparenter à un groupe quelconque l'exaspère. À la fin de 1855, mécontent qu'on pût croire, à la lecture d'un manifeste de Champfleury, qu'il se solidarisait avec ce dernier et avec Courbet dans leur défense de « l'école réaliste », il esquisse un projet d'article intitulé *Puisque réalisme il y a...*, dans lequel s'expriment nettement sa répulsion pour les partis et sa volonté de n'être pas embrigadé :

« ... Tout créateur de parti se trouve par nécessité naturelle en mauvaise compagnie.

« Les erreurs, les méprises les plus drôles ont eu lieu. Moi-même, on m'a dit qu'on m'avait fait l'honneur ... bien que je me sois toujours appliqué à le démériter.

« Je serais d'ailleurs, – j'en avertis le parti, – un triste cadeau. Je manque totalement de conviction, d'obéissance et de bêtise. »

C'est évidemment cette absence de conviction qui lui permet d'écrire, dans *Mon cœur mis à nu* :

« Je comprends qu'on déserte une cause pour savoir ce qu'on éprouvera à en servir une autre. »

Il se proposait d'ailleurs de commenter et de justifier son défaut de conviction dans un chapitre de *Mon cœur mis à nu* dont il a laissé au moins le canevas :

« "Politique." – Je n'ai pas de convictions comme l'entendent les gens de mon siècle, parce que je n'ai pas d'ambition.

« Il n'y a pas en moi de base pour une conviction.

« Il y a une certaine lâcheté ou plutôt une certaine mollesse chez les honnêtes gens.

« Les brigands seuls sont convaincus, – de quoi ? – qu'il leur faut réussir. Aussi, ils réussissent.

« Pourquoi réussirais-je, puisque je n'ai même pas envie d'essayer ?

« On peut fonder des empires glorieux sur le crime, et de nobles religions sur l'imposture.

« Cependant, j'ai quelques convictions, dans un sens plus élevé, et qui ne peut pas être compris par les gens de mon temps. »

Baudelaire prophète

Pour allusive qu'elle soit, cette dernière phrase indique nettement que les « quelques convictions » que Baudelaire se flattait d'avoir n'étaient pas politiques mais morales. Rien peut-être ne saurait mieux les laisser deviner que le plus important et le plus achevé des morceaux posthumes recueillis sous le titre de *Fusées* :

« Le monde va finir. La seule raison pour laquelle il pourrait durer, c'est qu'il existe. Que cette raison est faible, comparée à toutes celles qui annoncent le contraire, particulièrement à celle-ci : qu'est-ce que le monde a désormais à faire sous le ciel ? – Car, en supposant qu'il continuât à exister matériellement, serait-ce une existence digne de ce nom et du dictionnaire historique ? Je ne dis pas que le monde sera réduit aux expédients et au désordre bouffon des républiques du

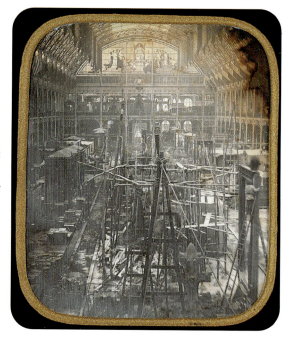

■ Le Palais de l'Industrie. Exposition universelle de 1855. Anonyme français. « Quoi de plus absurde que le progrès, puisque l'homme, comme cela est prouvé par le fait journalier, est toujours semblable à l'homme, c'est-à-dire toujours à l'état sauvage. » Charles Baudelaire, *Fusées*, XIV. « Être un homme utile m'a paru toujours quelque chose de bien hideux. » Charles Baudelaire, *Mon cœur mis à nu*, VI. (Paris, musée d'Orsay.)

Sud-Amérique, – que peut-être même nous retournerons à l'état sauvage, et que nous irons, à travers les ruines herbues de notre civilisation, chercher notre pâture, un fusil à la main. Non ; – car ce sort et ces aventures supposeraient encore une certaine énergie vitale, écho des premiers âges. Nouvel exemple et nouvelles victimes des inexorables lois morales, nous périrons par où nous avons cru vivre. La mécanique nous aura tellement américanisés, le progrès aura si bien atrophié en nous toute la partie spirituelle, que rien parmi les rêveries sanguinaires, sacrilèges, ou antinaturelles des utopistes ne pourra être comparé à ses résultats positifs. Je demande à tout homme qui pense de me montrer ce qui subsiste de la vie. De la religion, je crois inutile d'en parler et d'en chercher les restes, puisque se donner encore la peine de nier Dieu est le seul scandale en pareilles matières. La propriété avait disparu virtuellement avec la suppression du droit d'aînesse ; mais le temps viendra où l'humanité, comme un ogre vengeur, arrachera leur dernier morceau à ceux qui croiront avoir hérité légitimement des révolutions. Encore, là ne serait pas le mal suprême.

« L'imagination humaine peut concevoir, sans trop de peine, des républiques ou autres États communautaires, dignes de quelque gloire, s'ils sont dirigés par des hommes sacrés, par de certains aristocrates. Mais ce n'est pas particulièrement par des institutions politiques que se manifestera la ruine universelle, ou le progrès universel ; car peu m'importe le nom. Ce sera par l'avilissement des cœurs. Ai-je besoin de dire que le peu qui restera de politique se débattra péniblement dans les étreintes de l'animalité générale, et que les gouvernants seront forcés, pour se maintenir et pour créer un fantôme d'ordre, de recourir à des moyens qui feraient frissonner notre humanité actuelle, pourtant si endurcie ? – Alors, le fils fuira la famille, non pas à dix-huit ans, mais à douze, émancipé par sa précocité gloutonne ; il la fuira, non pas pour chercher des aventures héroïques, non pas pour délivrer une beauté prisonnière dans une tour, non pas pour immortaliser un galetas par de sublimes pensées, mais pour fonder un commerce, pour s'enrichir, et pour faire concurrence à son infâme papa, – fondateur et actionnaire d'un journal qui répandra les lumières et qui ferait considérer le "Siècle" d'alors comme un suppôt de la superstition. – Alors, les errantes, les déclassées, celles qui ont eu quelques amants, et qu'on appelle parfois des Anges, en raison et en remerciement de l'étourderie qui brille, lumière de hasard, dans leur existence logique comme le mal, – alors celles-là, dis-je, ne seront plus qu'impitoyable sagesse, sagesse qui condamnera tout, fors l'argent, tout, même "les erreurs des sens"! – Alors, ce qui ressemblera à la vertu, – que dis-je, – tout ce qui ne sera pas l'ardeur vers Plutus sera réputé un immense ridicule. La justice, si, à cette époque fortunée, il peut encore exister une justice, fera interdire les citoyens qui ne sauront pas faire fortune. – Ton épouse, ô Bourgeois! ta chaste moitié dont la légitimité fait pour toi la poésie, introduisant désormais dans la légalité une infamie irréprochable, gardienne vigilante et amoureuse de ton coffre-fort, ne sera plus que l'idéal parfait de la femme entretenue. Ta fille, avec une nubilité enfantine, rêvera dans son berceau qu'elle se vend un million. Et toi-même, ô Bourgeois, – moins poète encore que tu n'es aujourd'hui, – tu n'y trouveras rien à redire; tu ne regretteras rien. Car il y a des choses, dans l'homme, qui se fortifient et prospèrent à mesure que d'autres se délicatisent et s'amoindrissent, et, grâce au progrès de ces temps, il ne te restera de tes entrailles que des viscères! – Ces temps sont peut-être bien proches; qui sait même s'ils ne sont pas venus, et si l'épaississement de notre nature n'est pas le seul obstacle qui nous empêche d'apprécier le milieu dans lequel nous respirons!

« Quant à moi qui sens quelquefois en moi le ridicule d'un prophète, je sais que je n'y trouverai jamais la charité d'un médecin. Perdu dans ce vilain monde, coudoyé par les foules, je suis comme un homme lassé dont l'œil ne voit en arrière, dans les années profondes, que désabusement et amertume, et devant lui qu'un orage où rien de neuf n'est contenu, ni enseignement, ni douleur. Le soir où cet homme a volé à la destinée quelques heures de plaisir, bercé dans sa digestion, oublieux – autant que possible – du passé, content du présent et résigné à l'avenir, enivré de son sang-froid et de son dandysme, fier de n'être pas aussi bas que ceux qui passent, il se dit en contemplant la fumée de son cigare : Que m'importe où vont ces consciences ?

« Je crois que j'ai dérivé dans ce que les gens du métier appellent un hors-d'œuvre. Cependant je laisserai ces pages, – parce que je veux dater ma tristesse. »

À la place du mot « tristesse » sur lequel s'achève cette apocalypse, Baudelaire avait d'abord écrit « colère ». Cette correction, où Ernest Raynaud voulait voir un mouvement du cœur et l'expression d'un remords, peut-être serait-il plus sage de n'y reconnaître que la lassitude croissante que révèlent, dans ses dernières années, tous les actes et même toutes les velléités du poète. À mesure que s'approchent la paralysie et la mort, une constante déperdition d'énergie l'affecte. Sa rectification montre la colère le cédant à la tristesse, comme elle le cédait finalement à la résignation dans son comportement quotidien. D'ailleurs, montrer de la colère est encore une façon de ne pas consentir à l'irrémédiable. Il fallait peut-être que la colère, qui en avait dicté certains termes, s'effaçât de la prophétie qu'on vient de lire pour que celle-ci prît tout son sens.

LE BEAU EST TOUJOURS BIZARRE

Quoique l'art et le beau occupent dans ses œuvres complètes une place très importante, on ne peut pas dire que Baudelaire ait été à proprement parler un esthéticien. N'avait-il pas d'ailleurs choisi lui-même, pour la réunion de ses études critiques, les titres de *Curiosités esthétiques* et de *Bric-à-brac esthétique,* dont la modestie indique assez qu'il ne voyait en elles que des fragments d'une esthétique possible ? À défaut d'un traité d'esthétique achevé, il a du moins montré tant de pertinence et de perspicacité en matière d'art que la postérité s'est trouvée naturellement amenée à ratifier ses choix. Il est en fait le premier écrivain français qui ait toujours parlé de l'art avec bonheur.

Dès l'enfance, son existence avait été marquée par le désir impérieux du beau, – on pourrait presque dire domestiquée par le désir du beau. Le petit garçon qu'il se souvient d'avoir été et qu'il évoque dans sa *Morale du joujou* se comportait déjà comme un amateur passionné. Mais tous les enfants sont avides de nouveauté éclatante, tandis que les adolescents éprouvent vite de moins naïves curiosités et connaissent d'autres appétits. Or, quelque vif que puisse être à vingt ans son goût de la vie et du plaisir, Baudelaire reste alors l'enfant amoureux d'estampes dont parle le premier vers du *Voyage* ; il souscrit des billets usuraires pour acheter des gravures et des tableaux. L'art a fait partie de sa vie comme la poésie ou l'amour, et c'est sans doute pourquoi, – au rebours de tant de critiques qui, même lorsqu'ils dépensent le plus d'intelligence et de finesse, ne se livrent pas eux-mêmes, – il n'a jamais cessé d'être subjectif dans tout ce qu'il a dit de l'art et du beau.

« L'irrégularité, écrit-il dans ses *Fusées,* c'est-à-dire l'inattendu, la surprise, l'étonnement sont une partie essentielle et la caractéristique de la beauté. » Inutile de souligner la fortune que cette idée a rencontrée à partir des années 70, en poésie avec Mallarmé, Rimbaud,

■ Portrait dit « aux gravures » par Étienne Carjat, vers 1863. « Des cheveux fins, soyeux et longs, déjà plus rares et presque tout blancs, accompagnaient cette physionomie à la fois vieillie et jeune et lui prêtaient un aspect presque sacerdotal. » Théophile Gautier, Notice des *Fleurs du mal*, 1868. (Paris, B.N.F.)

Corbière, en peinture avec les impressionnistes ; mais sous le Second Empire, et malgré le précédent romantique, malgré Pétrus Borel et les Bousingots, ce n'était pas encore une idée reçue. Baudelaire la développe et l'explicite dans l'essai dont l'exposition ouverte en 1855 au Nouveau Palais des Beaux-Arts, avenue Montaigne, lui a fourni l'occasion :

« Tout le monde conçoit sans peine que, si les hommes chargés d'exprimer le beau se conformaient aux règles des professeurs jurés, le beau lui-même disparaîtrait de la terre, puisque tous les types, toutes les idées, toutes les sensations se confondraient dans une vaste unité, monotone et impersonnelle, immense comme l'ennui et le néant. La variété, condition *sine qua non* de la vie, serait effacée de la vie. Tant il est vrai qu'il y a dans les productions multiples de l'art quelque chose de toujours nouveau qui échappera éternellement à la règle et aux analyses de l'école ! L'étonnement, qui est une des grandes jouissances causées par l'art et la littérature, tient à cette variété même des types et des sensations. – Le "professeur-juré", espèce de tyran-mandarin, me fait toujours l'effet d'un impie qui se substitue à Dieu.

« J'irai encore plus loin, n'en déplaise aux sophistes trop fiers qui ont pris leur science dans les livres, et, quelque délicate et difficile à exprimer que soit mon idée, je ne désespère pas d'y réussir. "Le beau est toujours bizarre." Je ne veux pas dire qu'il soit volontairement, froidement bizarre, car dans ce cas il serait un monstre sorti des rails de la vie. Je dis qu'il contient toujours un peu de bizarrerie, de bizarrerie naïve, non voulue, inconsciente, et que c'est cette bizarrerie qui le fait être particulièrement le Beau. C'est son immatriculation, sa caractéristique. Renversez la proposition, et tâchez de concevoir un "beau banal" ! Or, comment cette bizarrerie, nécessaire, incompressible, variée à l'infini, dépendante des milieux, des climats, des mœurs, de la race, de la religion et du tempérament de l'artiste, pourra-t-elle jamais être gouvernée, amendée,

■ *La Mort de Sardanapale,* par Eugène Delacroix, 1827. « Une figure peinte donna-t-elle jamais une idée plus vaste du despote asiatique que ce Sardanapale à la barbe noire et tressée, qui meurt sur son bûcher, drapé dans ses mousselines, avec une attitude de femme ? » Charles Baudelaire, *Exposition Martinet,* 1862. (Paris, musée du Louvre.)

redressée par les règles utopiques conçues dans un petit temple scientifique quelconque de la planète, sans danger de mort pour l'art lui-même ? Cette dose de bizarrerie qui constitue et définit l'individualité, sans laquelle il n'y a pas de beau, joue dans l'art (que l'exactitude de cette comparaison en fasse pardonner la trivialité) le rôle du goût ou de l'assaisonnement dans les mets, les mets ne différant les uns des autres, abstraction faite de leur utilité ou de la quantité de substance nutritive qu'ils contiennent, que par l'"idée" qu'ils révèlent à la langue. »

Dans son essai sur le Salon de 1859, Baudelaire, réaffirmant le principe qu'il énonçait quatre ans plus tôt, s'attache à prévenir les conclusions excessives qu'on eût pu être tenté d'en tirer :

« Je parlais tout à l'heure des artistes qui cherchent à étonner le public. Le désir d'étonner et d'être étonné est très légitime. *It is a happiness to wonder,* "c'est un bonheur d'être étonné" ; mais aussi, *it is a happiness to dream,* "c'est un bonheur de rêver". Toute la question, si vous exigez que je vous confère le titre d'artiste ou d'amateur des beaux-arts, est donc de savoir par quels procédés vous voulez créer ou sentir l'étonnement. Parce que le Beau est "toujours" étonnant, il serait absurde de supposer que ce qui est étonnant est "toujours" beau. Or notre public, qui est singulièrement impuissant à sentir le bonheur de la rêverie ou de l'admiration (signe des petites âmes), veut être étonné par des moyens étrangers à l'art, et ses artistes obéissants se conforment à son goût ; ils veulent le frapper, le surprendre, le stupéfier par des stratagèmes indignes, parce qu'ils le savent incapable de s'extasier devant la tactique naturelle de l'art véritable. »

Quant au Beau particulier à Baudelaire, lui-même en a noté la définition dans ses *Fusées*. Sans doute ses plus savants et ses plus attentifs commentateurs, feu Jacques Crépet et M. Georges Blin, ont-ils fait observer que cette définition ne lui était pas tout à fait personnelle, et qu'il en était largement redevable à Edgar Poe. Mais l'on sait que Baudelaire se targuait à bon droit de ses affinités avec Poe, et son goût de la mélancolie, qu'il n'emprunte à personne, suffit à établir que ce qu'il dit du beau n'est pas uniquement l'écho de ses lectures :

« J'ai trouvé la définition du Beau, de mon Beau. C'est quelque chose d'ardent et de triste, quelque chose d'un peu vague, laissant carrière à la conjecture. Je vais, si l'on veut, appliquer mes idées à un objet sensible, à l'objet, par exemple, le plus intéressant dans la société, à un visage de femme. Une tête séduisante et belle, une tête de femme, veux-je dire, c'est une tête qui fait rêver à la fois, – mais d'une manière confuse, – de volupté et de tristesse ; qui comporte une idée de mélancolie, de lassitude, même de satiété, – soit une idée contraire, c'est-à-dire une ardeur, un désir de vivre, associé avec une amertume refluante, comme venant de privation ou de désespérance. Le mystère, le regret sont aussi des caractères du Beau.

« Une belle tête d'homme n'a pas besoin de comporter, excepté peut-être aux yeux d'une femme, – aux yeux d'un homme bien entendu – cette idée de volupté, qui dans un visage de femme est une provocation d'autant plus attirante que le visage est généralement plus mélancolique. Mais cette tête contiendra aussi quelque chose d'ardent et de triste, – des besoins spirituels, des ambitions ténébreusement refoulées, – l'idée d'une puissance grondante, et sans emploi, – quelquefois l'idée d'une insensibilité vengeresse (car le type idéal du Dandy n'est pas à négliger dans ce sujet), – quelquefois aussi, – et c'est l'un des caractères de beauté les plus intéressants, – le mystère, et enfin (pour que j'aie le courage d'avouer jusqu'à quel point je me sens moderne en esthétique), "le malheur". – Je ne prétends pas que la Joie ne puisse pas s'associer avec la Beauté, mais je dis que la Joie en est un des ornements les plus vulgaires ; – tandis que la Mélancolie en est pour ainsi dire l'illustre compagne, à ce point que je ne conçois guère (mon cerveau serait-il un miroir ensorcelé ?) un type de Beauté où il n'y ait du "Malheur". – Appuyé sur – d'autres diraient : obsédé par – ces idées, on conçoit qu'il me serait difficile de ne pas conclure que le plus parfait type de Beauté virile est "Satan", – à la manière de Milton. »

L'ART SUBLIME DU COMÉDIEN

Comme le joujou et l'image, le théâtre peut être un des premiers instruments de la connaissance du beau. Dans son poème en prose *Les Vocations,* Baudelaire fait dire à un petit garçon :

« Hier on m'a mené au théâtre. Dans des palais grands et tristes, au fond desquels on voit la mer et le ciel, des hommes et des femmes, sérieux et tristes aussi, mais bien plus beaux et bien mieux habillés que ceux que nous voyons partout, parlent avec une voix chantante. Ils se menacent, ils supplient, ils se désolent, et ils appuient souvent leur main sur un poignard enfoncé dans leur ceinture. Ah ! c'est bien beau ! Les femmes sont bien plus belles et bien plus grandes que celles qui viennent nous voir à la maison, et, quoique avec leurs grands yeux creux et leurs joues enflammées elles aient l'air terrible, on ne peut pas s'empêcher de les aimer... On a peur, on a envie de pleurer, et cependant l'on est content... Et puis, ce qui est plus singulier, cela donne envie d'être habillé de même, de dire et de faire les mêmes choses, et de parler avec la même voix... »

Cet enchantement, qu'il a lui-même subi, a fourni à Baudelaire un de ses thèmes familiers :

« Il ne serait pas étonnant, écrit-il dans sa *Morale du joujou,* qu'un enfant à qui ses parents donneraient principalement des théâtres, pour qu'il pût continuer seul le plaisir du spectacle et des marionnettes, s'accoutumât déjà à considérer le théâtre comme la forme la plus délicieuse du beau. »

Dans *Mon cœur mis à nu,* il note :

« Étant enfant, je voulais être tantôt pape, mais pape militaire, tantôt comédien.

« Jouissances que je tirais de ces deux hallucinations. »

On pourrait presque s'étonner que dans ses journaux intimes il n'ait voulu reconnaître que « trois êtres respectables : le prêtre, le guerrier et le poète », et qu'il

n'ait pas élevé le comédien à la même dignité. Dans son *Salon de 1859*, il s'emporte pourtant contre ceux qui commettraient le « sacrilège » d'insulter à « l'art sublime du comédien », et dans son essai sur Guys, composé vers la fin de la même année 1859, il écrit de la comédienne que, « si par un côté elle touche à la courtisane, par l'autre elle confine au poète », – ce qui, de sa part, ne saurait être une banale politesse.

Dans *La Fanfarlo*, où, nous l'avons dit, il a prêté quelques-uns de ses propres traits au poète Samuel Cramer, il fait de ce personnage excentrique une sorte de portrait-charge qui en souligne les dons de mimétisme et de grossissement, c'est-à-dire l'aptitude à jouer et à se jouer la comédie :

« Un des travers les plus naturels de Samuel était de se considérer comme l'égal de ceux qu'il avait su admirer ; après une lecture passionnée d'un beau livre, sa conclusion involontaire était : voilà qui est assez beau pour être de moi ! – et de là à penser : c'est donc de moi, – il n'y a que l'espace d'un tiret.

« Fort honnête homme de naissance et quelque peu gredin par passe-temps, – comédien par tempérament, – il jouait pour lui-même et à huis clos d'incomparables tragédies, ou, pour mieux dire, tragédi-comé-

■ *La Loge,* par Constantin Guys. « Stendhal, esprit impertinent, taquin, répugnant même, mais dont les impertinences provoquent utilement la méditation, s'est rapproché de la vérité, plus que beaucoup d'autres en disant que "le Beau n'est que la promesse du bonheur". » Charles Baudelaire, *Le Peintre de la vie moderne,* étude sur Constantin Guys, 1863. (Paris, musée Carnavalet.)

dies. Se sentait-il effleuré et chatouillé par la gaieté, il fallait se le bien constater, et notre homme s'exerçait à rire aux éclats. Une larme lui germait-elle dans le coin de l'œil à quelque souvenir, il allait à sa glace se regarder pleurer. Si quelque fille, dans un accès de jalousie brutale et puérile, lui faisait une égratignure avec une aiguille ou un canif, Samuel se glorifiait en lui-même d'un coup de couteau, et quand il devait quelques misérables vingt mille francs, il s'écriait joyeusement :

« – Quel triste et lamentable sort que celui d'un génie harcelé par un million de dettes ! »

■ Charles Baudelaire, autoportrait, vers 1860. « C'est une tête énergique, aux lignes droites, aux méplats prononcés ; quelque chose d'un puritain militant, du prédicant et du soldat. » Mathurin de Lescure, « Compte rendu des *Paradis artificiels* », 1860. (Paris, Musée du Louvre.)

« D'ailleurs, gardez-vous de croire qu'il fût incapable de connaître les sentiments vrais, et que la passion ne fît qu'effleurer son épiderme. Il eût vendu ses chemises pour un homme qu'il connaissait à peine, et qu'à l'inspection du front et de la main il avait institué hier son ami intime... Il se fût battu en duel pour un auteur ou un artiste mort depuis deux siècles. Comme il avait été dévot avec fureur, il était athée avec passion. Il était à la fois tous les artistes qu'il avait étudiés et tous les livres qu'il avait lus, et cependant, en dépit de cette faculté comédienne, restait profondément original. Il était toujours le doux, le fantasque, le paresseux, le terrible, le savant, l'ignorant, le débraillé, le coquet Samuel Cramer... Il raffolait d'un ami comme d'une femme, aimait une femme comme un camarade. Il possédait la logique de tous les bons sentiments et la science de toutes les roueries, et néanmoins il n'a jamais réussi à rien, parce qu'il croyait trop à l'impossible. – Quoi d'étonnant ? Il était toujours en train de le concevoir. »

Devant le mimétisme de Cramer, comment ne pas se rappeler ces lignes de Poe, que Baudelaire cite dans une notice sur le comédien Rouvière et dont il dit qu'elles le font « rêver à l'art des grands acteurs » : « Quand je veux savoir jusqu'à quel point quelqu'un est circonspect ou stupide, jusqu'à quel point il est bon ou méchant, ou quelles sont actuellement ses pensées, je compose mon visage d'après le sien, aussi exactement que possible, et j'attends alors pour savoir quels pensers ou quels sentiments naîtront dans mon esprit ou dans mon cœur, comme pour s'appareiller et correspondre avec ma physionomie. »

La conclusion de sa notice sur Rouvière laisse pressentir quelle sorte de satisfaction intellectuelle Baudelaire eût personnellement recherchée dans l'art dramatique, si le hasard avait fait de lui le comédien à qui étaient allés ses rêves d'enfant :

■ Edgar Allan Poe, par Édouard Manet. « Poe avait un front vaste, dominateur, où certaines protubérances trahissaient les facultés débordantes qu'elles sont chargées de représenter – construction, comparaison, causalité –, et où trônait dans un orgueil calme le sens de l'idéalité, le sens esthétique par excellence. » Charles Baudelaire, *Edgar Poe, sa vie et ses œuvres*, 1856. (Paris, B.N.F.)

« Quand le grand acteur, nourri de son rôle, habillé, grimé, se trouve en face de son miroir, horrible ou charmant, séduisant ou répulsif, et qu'il y contemple cette nouvelle personnalité qui doit devenir la sienne pendant quelques heures, il tire de cette analyse un nouveau parachèvement, une espèce de magnétisme de récurrence. Alors l'opération magique est terminée, le miracle de l'objectivité est accompli, et l'artiste peut prononcer son "Eurêka". Type d'amour ou d'horreur, il peut entrer en scène. »

Bribes. Première page du manuscrit, cf. p. 71, sixième ligne : « J'ai pétri de la boue et j'en ai fait de l'or. » (Paris, Bibl. littéraire Jacques-Doucet.)

Ce qui n'est vrai
que dans un autre monde

S'il a longuement traité de la peinture de Delacroix, du dessin de Guys ou de la musique de Wagner, Baudelaire ne nous a pas comblés de confidences sur son art poétique. Sur ce sujet, ses brouillons de préfaces pour la seconde ou la troisième édition des *Fleurs du Mal* ne le montrent que muet ou enclin à bouffonner. On y lit par exemple :

« Que la poésie se rattache aux arts de la peinture, de la cuisine et du cosmétique par la possibilité d'exprimer toute sensation de suavité ou d'amertume, de béatitude ou d'horreur, par l'accouplement de tel substantif avec tel adjectif, analogue ou contraire ;

« Comment, appuyé sur mes principes et disposant de la science que je me charge de lui enseigner en vingt leçons, tout homme devient capable de composer une tragédie qui ne sera pas plus sifflée qu'une autre, ou d'aligner un poème de la longueur nécessaire pour être aussi ennuyeux que tout poème épique connu. »

Pour entendre Baudelaire parler de son art, c'est à ses notes et à sa correspondance qu'il faut recourir. Dans un projet d'article qui date de 1855, il donne de la poésie cette définition très générale et néanmoins toute personnelle :

« La Poésie est ce qu'il y a de plus réel, c'est ce qui n'est complètement vrai que dans "un autre monde". »

Dans une lettre du 18 février 1860 au critique lyonnais Armand Fraisse, il souscrit au jugement favorable que celui-ci vient de porter sur les sonnets de Soulary et fait à son tour l'éloge du sonnet, – moins peut-être en raison d'une préférence marquée pour ce type de poème, que par hostilité aux longues pièces d'alexandrins dont il redoute la redondance et le bavardage, et où, d'ailleurs, quoiqu'il en ait réussi quelques-unes, il ne se sent pas à l'aise. « Parce que la forme [du sonnet] est contraignante, dit-il, l'idée jaillit plus intense. » Et il ajoute :

« Tout va bien au sonnet, la bouffonnerie, la galanterie, la passion, la rêverie, la méditation philosophique. Il y a là la beauté du métal et du minéral bien travaillé. Avez-vous observé qu'un morceau de ciel, aperçu par un soupirail, ou entre deux cheminées, deux rochers, ou par une arcade, etc., donnait une idée plus profonde de l'infini qu'un grand panorama vu du haut d'une montagne ? Quant aux longs poèmes, nous savons ce qu'il en faut penser ; c'est la ressource de ceux qui sont incapables d'en faire de courts.

« Tout ce qui dépasse la longueur de l'attention que l'être humain peut prêter à la forme poétique n'est pas "un" poème. »

Les divers états que l'on connaît de plusieurs poèmes de Baudelaire donnent un aperçu du patient et pénible travail de composition qu'il devait souvent s'imposer. Baudelaire n'est nullement un virtuose de la lyre. Le jeune Barrès a pu dire de lui sans injustice qu'« il mettait en vers difficiles de la prose superbe ». Quand de beaux vers chantent dans son esprit, il les note :

Tu m'as donné ta boue et j'en ai fait de l'or,

mais il ne parvient pas toujours à mettre en forme la pièce où ils viendraient prendre place. Il lui arrive de ne surmonter qu'à grand-peine les difficultés de la mesure et de la rime, et même de ne les vaincre qu'en glissant dans la tautologie (notamment dans la première strophe du *Serpent qui danse*). Peu importe, d'ailleurs : alors que de très habiles poètes comme ses amis Gautier et Banville n'ont quasi rien à nous dire, ce que nous dit Baudelaire nous retient et nous émeut presque toujours.

Le 5 avril 1855, faisant à sa mère le récit des embarras d'argent qui le privent alors de domicile, il s'écrie :

« Et pour comble de ridicule, il faut qu'au milieu de ces insupportables secousses qui m'usent, je fasse des vers, l'occupation la plus fatigante qui soit pour moi. »

À la veille de signer le bon à tirer des *Fleurs du Mal*, il répond en mai 1857 à son éditeur et ami Poulet-Malassis, qui le presse :

« Je m'escrime contre une trentaine de vers insuffisants, désagréables, mal faits, mal rimants. Croyez-vous donc que j'aie la souplesse de Banville ? »

L'inspiration même, dit-il, ne le visite que de loin en loin. Le 30 décembre 1857, quatre mois après la condamnation de six de ses poèmes, il écrit à Malassis :

« Vous savez que j'ai résolu de me soumettre complètement au jugement, et de refaire six poèmes nouveaux beaucoup plus beaux que ceux supprimés. Mais quand la disposition poétique me reviendra-t-elle ? »

Celle-ci revenue, il se méfie de ce qu'elle lui suggère. En juin 1859, on le voit proposer à Jean Morel, directeur de *La Revue française*, un poème intitulé *Fantômes parisiens* et en commenter les vers sans enthousiasme :

« Tout ce que j'en pense est que la peine qu'ils m'ont coûtée ne prouve absolument rien quant à leur qualité ; c'est le premier numéro d'une nouvelle série que je veux tenter, et je crains bien d'avoir simplement réussi à dépasser les limites assignées à la Poésie. »

De la qualité de ces *Fantômes,* il est si peu assuré qu'en dépit du travail qu'ils lui ont déjà demandé, il les corrigera encore avant de les admettre dans la seconde édition des *Fleurs du Mal,* sous le titre *Les Sept Vieillards.*

En mars 1860, il défend en revanche avec énergie deux de ses poèmes (*L'amour du mensonge* et *Rêve parisien*) contre Alphonse de Calonne, directeur de *La Revue contemporaine,* qui réclamait des retouches :

« Hélas ! vos critiques tombent justement sur des mots, des intentions, des traits que je considérais comme étant de mes meilleurs. »

Et après avoir justifié le choix, la place de ses mots et la cohérence de ses métaphores, il ajoute :

« Tout cela, je vous l'affirme, a été très lentement combiné. »

Mais il s'en faut que cette assurance lui soit habituelle. Pour deux poèmes qu'il estime achevés, combien ne le satisfont jamais ! Au moment même où il repousse les observations de Calonne, il confie à Malas-

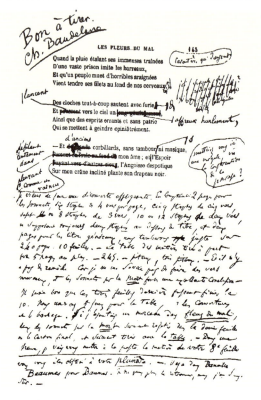

■ Épreuve corrigée des trois dernières strophes de *Spleen* (« Quand le ciel… ») des *Fleurs du Mal*, suivie d'un billet à l'intention de son éditeur Auguste Poulet-Malassis, avril 1857.

« Je viens de faire une découverte affligeante. En comptant deux pages pour les sonnets, six strophes de quatre vers par page, […] en supposant toujours deux strophes au-dessous du titre, et deux pages pour les titres généraux, nous tomberons juste sur 240 pages […]. – Piteux, très piteux. – Et il n'y a pas de remède. Car je ne me soucie pas de faire des vers nouveaux, et les sonnets sur la MORT font une excellente conclusion. »

sis que les vingt-cinq pièces nouvelles qu'il lui a déjà remises pour la seconde édition des *Fleurs*, ne lui paraissent pas au point :

« Je viens de relire ces vingt-cinq morceaux ; il y a toujours des lourdeurs et des violences de style… Que pensez-vous des deux derniers tercets du premier sonnet d'*Un fantôme* ? »

Mais si Baudelaire se montre sévère envers lui-même, s'il accepte et parfois sollicite la discussion, avec les éditeurs et les directeurs de revue, des textes qu'il leur propose, il ne tolère pas que sa copie soit amendée par eux. La critique, soit. La censure, non. À cet égard, rien ne saurait mieux définir son attitude que la lettre qu'il adressait le 20 juin 1863 à Gervais Charpentier, directeur de *La Revue nationale,* qui venait d'accueillir deux de ses petits poèmes en prose :

« Monsieur, je viens de lire les deux extraits (*Les Tentations* et *Dorothée*) insérés dans *La Revue nationale.* J'y trouve d'extraordinaires changements introduits après mon bon à tirer. Cela, Monsieur, est la raison pour laquelle j'ai fui tant de journaux et de revues.

« Je vous avais dit : supprimez "tout un morceau", si "une virgule" vous déplaît dans le morceau, mais ne supprimez pas la virgule ; elle a sa raison d'être.

« J'ai passé ma vie entière à apprendre à construire des phrases, et je dis, sans crainte de faire rire, que ce que je livre à une imprimerie est "parfaitement fini."

« Croyez-vous réellement que "les formes de son corps", ce soit là une expression équivalente à "son dos creux et sa gorge pointue" ? – Surtout quand il est question de la race noire des côtes orientales.

« Et croyez vous qu'il soit "immoral" de dire qu'une fille est "mûre" à "onze ans", quand on sait qu'Aïscha (qui n'était pas une négresse née sous le Tropique) était plus jeune encore quand Mahomet l'épousa ?

« Monsieur, je désire sincèrement vous remercier du bon accueil que vous m'avez fait ; "mais je sais ce que j'écris", et je ne raconte "que ce que j'ai vu".

« Si encore j'avais été prévenu à temps, j'aurais pu supprimer tout le morceau. »

À la vérité, cette lettre fort pertinente contient pourtant une légère vantardise. Car s'il est vrai que Baudelaire ne livrait rien de bâclé aux imprimeurs, il est faux que son travail le trouvât finalement satisfait. Jusqu'au bon à tirer, et même après, il hésite, se reprend et rectifie.

Toute nouvelle publication est pour lui l'occasion de remaniements. Rien, ou peu s'en faut, de ce qui naît de sa plume ne lui semble vraiment achevé. Baudelaire, c'est Sisyphe auteur.

En revanche, pour rapidement exprimée qu'elle soit, la prétention qu'il affiche à la fin de sa lettre à Charpentier n'a rien d'excessif. Baudelaire est en droit

■ Le Pont-Neuf, le Louvre et le quai de la Mégisserie. Daguerréotype panoramique inversé, anonyme, vers 1845-1850. « Le vieux Paris n'est plus (la forme d'une ville / Change plus vite, hélas ! que le cœur d'un mortel) ; [...] Paris change ! mais rien dans ma mélancolie / N'a bougé ! palais neufs, échafaudages, blocs, / Vieux faubourgs, tout pour moi devient allégorie, / Et mes chers souvenirs sont plus lourds que des rocs. » *Les Fleurs du mal, Tableaux parisiens, Le Cygne,* vers 8-9 et 29-32. (Paris, musée Carnavalet.)

d'avancer qu'il sait ce qu'il écrit. Il le sait mieux que personne, car, de quelque sujet qu'il traite, il n'est rien qu'il ne tire de son propre fonds, ou – si l'on pense à Poe – qu'il n'ait assimilé par une transfusion systématique.

À Fernand Desnoyers, qui, en 1855, sollicite sa contribution à un recueil collectif sur Fontainebleau et sa forêt, il ne trouve à offrir que des pièces d'une inspiration personnelle et toute citadine. Mis à part quelques poèmes de caractère exotique, la nature est quasi absente de son œuvre. Il se soucie peu de pastorales et ne l'envoie pas dire à son correspondant :

« Mon cher Desnoyers, vous me demandez des vers sur "la Nature", n'est-ce pas ? sur les bois, les grands chênes, la verdure, les insectes, le soleil sans doute ? Mais, vous savez bien que je suis incapable de m'attendrir sur les végétaux et que mon âme est rebelle à cette singulière religion nouvelle, qui aura toujours, ce me

semble, pour tout être spirituel je ne sais quoi de *shocking*. Je ne croirai jamais que "l'âme des Dieux habite dans les plantes", et quand même elle y habiterait, je m'en soucierais médiocrement, et considérerais la mienne comme d'un bien plus haut prix que celle des légumes sanctifiés. J'ai même toujours pensé qu'il y avait dans "la Nature", florissante et rajeunie, quelque chose d'impudent et d'affligeant. Dans l'impossibilité de vous satisfaire complètement suivant les termes stricts du programme, je vous envoie deux morceaux poétiques, qui représentent à peu près la somme des rêveries dont je suis assailli aux heures crépusculaires[1]. Dans le fond des bois, enfermé sous ces voûtes semblables à celles des sacristies et des cathédrales, je pense à nos étonnantes villes, et la prodigieuse musique qui roule sur les sommets me semble la traduction des lamentations humaines. »

1. Il s'agit des deux poèmes : *Le crépuscule du matin* et *Le crépuscule du soir*.

On a vu Baudelaire soutenir que le beau ne pouvait qu'être étrange ; qu'il ne pouvait y avoir en art de beauté sans surprise. Sa poésie relève du même principe. À condition de laisser à l'épithète de « scandaleuse » le sens que l'étymologie lui octroie, on peut dire que Baudelaire a délibérément pratiqué une poésie scandaleuse : faite pour étonner.

En 1852, il écrit à Théophile Gautier, sur lequel il compte pour faire passer dans *La Revue de Paris* quelques-unes de ses futures « fleurs du mal » :

« Protège-moi ferme. Si on ne grogne pas trop contre cette poésie, j'en donnerai de plus "voyante" encore. »

Une poésie « voyante » : le même terme revient sous sa plume dans une lettre à Malassis relative aux *Fleurs du Mal*, dont le manuscrit va être livré à l'impression :

« Il nous faut faire un volume composé seulement de bonnes choses : peu de matière, qui paraisse beaucoup, et qui soit très voyante. » (9 décembre 1856.)

Le même souci continue d'intervenir dans la composition des poèmes destinés à enrichir la seconde édition de son recueil :

« Je travaille aux *Fleurs du Mal*. Dans très peu de jours, vous aurez votre paquet [de pièces nouvelles], et le dernier morceau, ou épilogue, adressé à la ville de Paris, vous étonnera vous-même, si toutefois je le mène à bonne fin (en tercets ronflants). » (Lettre à Malassis, juin 1860.)

On sait que Baudelaire ne devait jamais venir à bout de cet épilogue.

■ Théophile Gautier, par Giraud. « Il y a dans le style de Théophile Gautier une justesse qui ravit, qui étonne, et qui fait songer à ces miracles produits dans le jeu par une profonde science mathématique. Je me rappelle que, très-jeune, quand je goûtai pour la première fois aux œuvres de notre poète, la sensation de la touche posée juste, du coup porté droit, me faisait tressaillir, et que l'admiration engendrait en moi une sorte de convulsion nerveuse. » Charles Baudelaire, *Théophile Gautier*, 1859. (Paris, B.N.F.)

Sois toujours poète

La haute idée que Baudelaire se faisait de la poésie explique que, malgré tant d'efforts, il ne soit pas allé au-delà d'un volume de vers. Comme il adviendra à Mallarmé, ses exigences de perfection l'ont paralysé.

Dès ses débuts dans les lettres, il avait reconnu à la poésie la première place. Il a à peine vingt-cinq ans lorsqu'en février 1846, dans ses *Conseils aux jeunes littérateurs,* il tire sur elle une traite à échéance lointaine :

« Quant à ceux qui se livrent ou se sont livrés avec succès à la poésie, je leur conseille de ne jamais l'abandonner. La poésie est un des arts qui rapportent le plus ; mais c'est une espèce de placement dont on ne touche que plus tard les intérêts, – en revanche très-gros.

« Je défie les envieux de me citer de bons vers qui aient ruiné un éditeur.

« Au point de vue moral, la poésie établit une telle démarcation entre les esprits du premier ordre et ceux du second que le public le plus bourgeois n'échappe pas à cette influence despotique. Je connais des gens qui ne lisent les feuilletons de Théophile Gautier que parce qu'il a fait la "Comédie de la Mort" ; sans doute

■ Épreuve de la dédicace des *Fleurs du Mal* à Théophile Gautier corrigée par Charles Baudelaire et accompagnée d'un billet à l'intention de son éditeur Auguste Poulet-Malassis. Il s'agit de la seconde version de cette dédicace, et de l'édition de 1857. Les éditions suivantes corrigeront « ès langue française » en « ès lettres françaises ».

ils ne sentent pas toutes les grâces de cette œuvre, mais ils savent qu'il est poète.

« Quoi d'étonnant d'ailleurs, puisque tout homme bien portant peut se passer de manger pendant deux jours, – de poésie, jamais?

« L'art qui satisfait le besoin le plus impérieux sera toujours le plus honoré. »

L'existence se chargera de dissiper cette illusion. Baudelaire le criera, frappé à mort, dans une lettre de février 1866, – « la France a horreur de la vraie poésie ». La traite qu'il tirait en 1846 sur ses vers encore inédits devait pourtant être payée un jour, mais trop tard pour lui : c'est l'éditeur Michel Lévy qui en a perçu le montant, grossi des intérêts.

Du moins la poésie, honorée ou non par le public, est-elle demeurée la loi de Baudelaire. Dans *Mon cœur mis à nu,* après vingt ans de déboires et alors que l'emplit le sentiment du désastre, il ne lui témoigne pas moins d'amour qu'autrefois :

« Il n'y a de grand parmi les hommes que le poète, le prêtre et le soldat.

« L'homme qui chante, l'homme qui bénit, l'homme qui sacrifie et se sacrifie.

« Sois toujours poète, même en prose. »

« Toujours poète » : car, dans la conception que Baudelaire se fait de la poésie, celle-ci présente un caractère d'universalité que notre siècle ne lui conteste pas, mais qui, il y a cent ans, n'était pas aussi communément admis. À la veille du procès des *Fleurs du Mal,* Sainte-Beuve suggère à Baudelaire d'alléguer pour sa défense que « tout était pris dans le domaine de la poésie », que Lamartine avait pris les cieux, Hugo la terre et plus que la terre, Laprade les forêts, Musset la passion, Gautier l'Espagne et ses couleurs, d'autres le foyer, la vie rurale, et qu'ainsi les sujets qu'il avait traités lui avaient en somme été imposés par les circonstances, étant les seuls disponibles. L'argument ne valait évidemment pas grand-chose du point de vue juridique, et Sainte-Beuve, à coup sûr, n'y attachait aucun prix : du moins

■ *Pages suivantes :*
L'Atelier du peintre,
par Gustave
Courbet, 1855.
Charles Baudelaire
est représenté, à
droite, lisant
comme dans le
portrait de 1847
(*cf.* p. 65). (Paris,
musée d'Orsay.)

le jugeait-il de nature à flatter la paresse du public, qui souhaite que chaque auteur ait son genre.

Pour Baudelaire, au contraire, il n'est pas de sujets qu'un véritable artiste, peintre ou poète, ne doive être en mesure d'aborder. Il l'a dit expressément dans une courte étude sur Hugo :

« Celui qui n'est pas capable de tout peindre, les palais et les masures, les sentiments de tendresse et ceux de cruauté, les affections limitées de la famille et la charité universelle, la grâce du végétal et les miracles de l'architecture, tout ce qu'il y a de plus doux et tout ce qui existe de plus horrible, le sens intime et la beauté extérieure de chaque religion, la physionomie morale et physique de chaque nation, tout enfin, depuis le visible jusqu'à l'invisible depuis le ciel jusqu'à l'enfer, celui-là, dis-je, n'est vraiment pas poète dans l'immense étendue du mot et selon le cœur de Dieu. Vous dites de l'un : c'est un poète d'"intérieurs", ou de famille ; de l'autre, c'est un poète de l'amour, et de l'autre, c'est le poète de la gloire. Mais de quel droit limitez-vous ainsi la portée des talents de chacun ? Voulez-vous affirmer que celui qui a chanté la gloire était, "par cela même", inapte à célébrer l'amour ? Vous infirmez ainsi le sens universel du mot "poésie". Si vous ne voulez pas simplement faire entendre que des circonstances, qui ne viennent pas du poète, l'ont "jusqu'à présent", confiné dans une spécialité, je croirai toujours que vous parlez d'un pauvre poète, d'un poète incomplet, si habile qu'il soit dans son genre. »

■ Portrait de Charles Baudelaire, par Nadar, 1855. « La tête était un peu celle d'un jeune diable qui se serait fait ermite ; les cheveux coupés très courts, la barbe complètement rasée, l'œil petit, vif, inquiet, plutôt roux que brun, le nez sensuel et renflé du bout, la lèvre très mince, souriant peu, presque toujours pincée, le menton carré et l'oreille très détachée lui donnaient une physionomie déplaisante au premier abord, mais à laquelle on était promptement accoutumé. » Maxime Du Camp, *Souvenirs littéraires*. (Paris, musée d'Orsay.)

Un singulier avertissement

Pour sa part, l'auteur des *Fleurs du Mal* échappe à un tel reproche. Quoiqu'il n'ait laissé qu'un recueil de vers, il serait impossible de passer ici en revue tous les thèmes qui s'y trouvent exploités. À la différence des poètes du second rayon, dont chaque livre ne trouve son unité que dans un sujet traité avec application, Baudelaire impose sa personnalité aux éléments disparates qu'il met en œuvre. Ses *Fleurs du Mal* constituent moins un ouvrage élaboré que le journal intime d'un poète exceptionnellement sensible et condamné à cultiver ses sensations, fût-ce au prix de sa vie même. Sainte-Beuve, qui par ailleurs n'a pas su apprécier toute

la qualité des *Fleurs du Mal,* en avait parfaitement reconnu la nature. Après les avoir lues, il avait dit à Baudelaire : « Vous avez dû beaucoup souffrir, mon pauvre enfant. »

Même lorsqu'elle n'est pas avouée, la souffrance transparaît dans le filigrane de tous les poèmes de Baudelaire. On a compté que l'image du « gouffre » revenait dix-huit fois dans son livre, comme s'il avait eu la prescience des vertiges qui, quelques années plus tard, allaient le saisir à Bruxelles, dans une chambre d'hôtel, le faisant tituber et s'accrocher aux meubles comme un homme qui a trop bu. Tous ses fervents connaissent par cœur la note prophétique de *Mon cœur mis à nu,* où, cinq ans avant sa mort, le poète évoque sa déchéance finale :

« Au moral comme au physique, j'ai toujours eu la sensation du gouffre, non seulement du gouffre du sommeil, mais du gouffre de l'action, du rêve, du souvenir, du désir, du regret, du remords, du beau, du nombre, etc.

« J'ai cultivé mon hystérie avec jouissance et terreur. Maintenant, j'ai toujours le vertige, et aujourd'hui, 23 janvier 1862, j'ai subi un singulier avertissement, j'ai senti passer sur moi le vent de l'aile de l'imbécillité. »

Ce « singulier avertissement » ne lui apprenait rien qu'il ne sût déjà, dirait-on. Peut-être venait-il d'écrire son sonnet sur *Le Gouffre* lorsqu'il le reçut ; en tout cas son poème sur *Le Goût du néant* avait paru depuis trois ans. Les voici l'un et l'autre :

LE GOÛT DU NÉANT

Morne esprit, autrefois amoureux de la lutte,
L'Espoir, dont l'éperon attisait ton ardeur,
Ne veut plus t'enfourcher ! Couche-toi sans pudeur,
Vieux cheval dont le pied à chaque obstacle bute.

Résigne-toi, mon cœur ; dors ton sommeil de brute.

Esprit vaincu, fourbu ! Pour toi, vieux maraudeur,
L'amour n'a plus de goût, non plus que la dispute ;
Adieu donc, chants du cuivre et soupirs de la flûte !
Plaisirs, ne tentez plus un cœur sombre et boudeur !

Le Printemps adorable a perdu son odeur !

Et le Temps m'engloutit minute par minute,
Comme la neige immense un corps pris de roideur ;
Je contemple d'en haut le globe en sa rondeur,
Et je n'y cherche plus l'abri d'une cahute.

Avalanche, veux-tu m'emporter dans ta chute ?

LE GOUFFRE

Pascal avait son gouffre, avec lui se mouvant.
– Hélas ! tout est abîme, – action, désir, rêve,
Parole ! et sur mon poil qui tout droit se relève
Mainte fois de la peur je sens passer le vent.

En haut, en bas, partout, la profondeur, la grève,
Le silence, l'espace affreux et captivant...
Sur le fond de mes nuits Dieu de son doigt savant
Dessine un cauchemar multiforme et sans trêve.

J'ai peur du sommeil comme on a peur d'un grand
                                                    [trou
Tout plein de vague horreur, menant on ne sait où ;
Je ne vois qu'infini par toutes les fenêtres,

Et mon esprit, toujours du vertige hanté,
Jalouse du néant l'insensibilité.
– Ah ! ne jamais sortir des Nombres et des Êtres !

JE VOUDRAIS NE PLUS DORMIR

Décidément Baudelaire ne se vante pas lorsqu'il affirme à un directeur de revue : « Je ne raconte que ce que j'ai vu. » La hantise du temps qui fuit n'est pas chez lui un

Ridentem feriat Ruina.

■ Portrait de Charles Baudelaire, par Neyt, 1864-1865. « Sa figure s'était amaigrie et comme spiritualisée ; les yeux semblaient plus vastes, le nez s'était finement accentué et était devenu plus ferme ; les lèvres s'étaient serrées mystérieusement et dans leurs commissures paraissaient garder des secrets sarcastiques. Aux nuances jadis vermeilles des joues se mêlaient des tons jaunes de hâle ou de fatigue. Quant au front, légèrement dépouillé, il avait gagné en grandeur et pour ainsi dire en solidité ; on l'eût dit taillé par méplats dans quelque marbre particulièrement dur. » Théophile Gautier, Notice des *Fleurs du Mal*, 1868. (Paris, B.N.F.)

à Mon ami Auguste Malassis,
le seul être dont le rire ait allégé
mon Tristesse en Belgique.

C. B

simple lieu commun poétique, l'exercice lamartinien d'un poète robuste et qui vivra vieux. Elle s'exprime jusque dans ses notes intimes, dans *Mon cœur mis à nu*, dans *Fusées* :

« On dit que j'ai trente ans ; mais si j'ai vécu trois minutes en une... n'ai-je pas quatre-vingt-dix ans ? »

Et de fait, à Bruxelles, à quarante-cinq ans, sous sa couronne de cheveux blancs, il a l'air d'un vieillard.

La hantise du temps ? Dans *Le Spleen de Paris*, elle s'appelle *La Chambre double* :

« ... Dans ce monde étroit, mais si plein de dégoût, un seul objet connu me sourit : la fiole de laudanum ; une vieille et terrible amie ; comme toutes les amies, hélas ! féconde en caresses et en traîtrises.

« Oh ! oui ! le Temps a reparu ; le Temps règne en souverain maintenant, et avec le hideux vieillard est revenu tout son démoniaque cortège de Souvenirs, de Regrets, de Spasmes, de Peurs, d'Angoisses, de Cauchemars, de Colères et de Névroses.

« Je vous assure que les secondes maintenant sont fortement et solennellement accentuées, et chacune, en jaillissant de la pendule, dit : "Je suis la Vie, l'insupportable, l'implacable Vie !"

« Il n'y a qu'une Seconde dans la vie humaine qui ait mission d'annoncer une bonne nouvelle, "la bonne nouvelle" qui cause à chacun une inexplicable peur.

« Oui ! le Temps règne ; il a repris sa brutale dictature. Et il me pousse, comme si j'étais un bœuf, avec son double aiguillon. – "Et hue donc ! bourrique ! Sue donc, esclave ! Vis donc, damné !" »

La hantise du temps ? Dans *Les Fleurs du Mal*, elle est partout ; dans *Mœsta et errabunda* :

Comme vous êtes loin, paradis parfumé...

dans *L'Ennemi* :

– Ô douleur ! ô douleur ! le Temps mange la vie,
Et l'obscur Ennemi qui nous ronge le cœur
Du sang que nous perdons croît et se fortifie !

dans *L'Horloge* :

Horloge ! dieu sinistre, effrayant, impassible,
Dont le doigt nous menace et nous dit : « "Souviens-
[toi !"
Les vibrantes Douleurs dans ton cœur plein d'effroi
Se planteront bientôt comme dans une cible ;

Le Plaisir vaporeux fuira vers l'horizon
Ainsi qu'une sylphide au fond de la coulisse ;
Chaque instant te dévore un morceau du délice
À chaque homme accordé pour toute sa saison.

Trois mille six cent fois par heure, la Seconde
Chuchote : "Souviens-toi !" – Rapide, avec sa voix
D'insecte, Maintenant dit : Je suis Autrefois,
Et j'ai pompé ta vie avec ma trompe immonde !

Remember ! "Souviens-toi", prodigue ! *Esto memor !*
(Mon gosier de métal parle toutes les langues.)
Les minutes, mortel folâtre, sont des gangues
Qu'il ne faut pas lâcher sans en extraire l'or !

"Souviens-toi" que le Temps est un joueur avide
Qui gagne sans tricher, à tout coup ! c'est la loi.
Le jour décroît ; la nuit augmente ; "souviens-toi !"
Le gouffre a toujours soif ; la clepsydre se vide.

Tantôt sonnera l'heure où le divin Hasard,
Où l'auguste Vertu, ton épouse encor vierge,
Où le repentir même (oh ! la dernière auberge !),
Où tout te dira : Meurs, vieux lâche, il est trop
[tard ! »

À cette obsession du temps, à l'angoisse qui étreint le
poète à tel point qu'il n'ose pas décacheter son courrier,
devaient fatalement s'associer toutes les représentations
possibles de ruine physique et morale. On peut tirer
sans peine de Baudelaire le plus riche lexique du
désastre. Cœurs dévorés, lèvres sans couleur, mâchoi-
res édentées, chairs putrides, âmes rongées, outres de
pus, murs lézardés, il n'est pas d'image de la désolation

qui lui ait été épargnée. Quatre pièces des *Fleurs du Mal* (*Une Charogne, Remords posthume, Le Mort joyeux, Le Voyage à Cythère*) évoquent la décomposition finale. *La Cloche fêlée* montre l'âme gravement lésée. *Le Jeu* et *Les Petites Vieilles* mettent en scène des monstres disloqués « qui furent jadis des femmes ». La description d'*Une Martyre* offre la précision d'un Rops qui aurait choisi pour atelier l'Institut médico-légal.

Même le sommeil ne délivre pas Baudelaire du sentiment de la ruine. Au réveil, il note un jour ce cauchemar :

■ *Les Vieilles ou le Temps,* par Goya, vers 1808-1812. « Goya est toujours un grand artiste, souvent effrayant.
Il unit à la gaieté, à la jovialité, à la satire espagnole du bon temps de Cervantès, un esprit beaucoup plus moderne, ou du moins qui a été beaucoup plus cherché dans les temps modernes, l'amour de l'insaisissable, le sentiment des contrastes violents, des épouvantements de la nature et des physionomies humaines étrangement animalisées par les circonstances. »
Charles Baudelaire, *Quelques caricaturistes étrangers,* 1857.
(Lille, musée des Beaux-Arts.)

« Symptômes de ruines. Bâtiments immenses, pélasgiens, l'un sur l'autre. Des appartements, des chambres, des "temples", des galeries, des escaliers, des cœcums, des belvédères, des lanternes, des fontaines, des statues. – "Fissures, lézardes". "Humidité" provenant d'un "réservoir" situé près du ciel. – Comment avertir les gens, les nations ? – Avertissons à l'oreille les plus intelligents.

« Tout en haut, une colonne craque et ses deux extrémités se déplacent. Rien n'a encore croulé. Je ne peux retrouver l'issue. Je descends, puis je remonte. "Une tour." – "Labyrinthe. Je n'ai jamais pu sortir. J'habite pour toujours un bâtiment qui va crouler, un bâtiment travaillé par une maladie secrète." – Je calcule en moi-même, pour m'amuser, si une si prodigieuse masse de pierres, de marbres, de statues, de murs qui vont se choquer réciproquement, seront très souillés par cette multitude de cervelles, de chairs humaines et d'ossements concassés. Je vois de si terribles choses en rêve, que je voudrais quelquefois ne plus dormir, si j'étais sûr de n'avoir pas trop de fatigue. »

■ Frontispice des *Épaves,* par Félicien Rops, 1866. Eau-forte. L'éditeur Poulet-Malassis commente ainsi le frontispice dans l'édition originale des *Épaves* : « Sous le Pommier fatal dont le tronc-squelette rappelle la déchéance de la race humaine, s'épanouissent les Sept Péchés Capitaux, figurés par des plantes aux formes et aux attitudes symboliques. Le Serpent, enroulé au bassin du squelette, rampe vers ces *Fleurs du mal*, parmi lesquelles se vautre le Pégase macabre, qui ne doit se réveiller, avec ses chevaucheurs, que dans la vallée de Josaphat. Cependant une Chimère noire enlève au-delà des airs le médaillon du poète, autour duquel des Anges et des Chérubins font retentir le *Gloria in excelcis* ! L'Autruche en camée, qui avale un fer à cheval, au premier plan de la composition, est l'emblème de la Vertu, se faisant un devoir de se nourrir des aliments les plus révoltants : "VIRTUS DURISSIMA COQUIT" [la vertu digère les morceaux les plus durs]. » « Je trouve votre frontispice des *Épaves* excellent, surtout "plein d'ingenium". » Lettre de Charles Baudelaire à Félicien Rops du 21 février 1866. (Paris, B.N.F.)

La poésie n'a pas d'autre but qu'elle-même

À deux reprises, l'œuvre de Baudelaire s'est vue déférée aux tribunaux. En août 1857, le procureur Pinard reproche aux *Fleurs du Mal* de ne respecter ni la morale publique ni la morale religieuse, et la 6ᵉ chambre cor-

rectionnelle le suit en condamnant « l'effet funeste des tableaux » qu'offre le livre. En mai 1868, huit mois après la mort du poète, c'est le tribunal correctionnel de Lille qui ordonne la destruction du dernier ouvrage que Baudelaire ait corrigé, la mince plaquette des *Épaves,* éditée à Bruxelles par Poulet-Malassis et où se retrouvent les six pièces des *Fleurs* condamnées en 1857. Poursuivie ou non, l'œuvre de Baudelaire a d'ailleurs rencontré constamment la censure de ses contemporains. Dès 1843, alors qu'à vingt-deux ans il n'était encore qu'un auteur inédit, Baudelaire essuyait déjà, de la part des journaux, des refus dus à la pusillanimité des rédacteurs en chef, à leur terreur de l'abonné. Les articles ainsi repoussés n'étaient pourtant pas tels que leur auteur ne pût les montrer à sa mère, à qui il écrivait un jour :

« Fais-moi le plaisir de lire ce manuscrit, qui est achevé, et où il y a peu de chose à corriger. Je l'ai retiré ce matin d'un journal *(La Démocratie),* où il est refusé pour cause d'immoralité, mais ce qu'il y a de très bon, c'est qu'il a assez émerveillé les gens pour qu'on m'ait fait l'honneur de m'en demander précipitamment un second. »

Vingt et un ans plus tard, en 1864, un jeune normalien, Édouard Le Boucher, directeur de *La Revue libérale,* acceptant pour sa publication quelques poèmes en prose de Baudelaire, prétend leur faire subir des coupures « indispensables » et explique gravement à son ami Taine qu'une revue ne peut tolérer « les moyens sadiques » que M. Flaubert et M. Baudelaire emploient dans leurs ouvrages.

Tant s'en faut pourtant que Baudelaire se soit jamais appliqué à outrager les mœurs. S'il n'a pas dédaigné les effets de surprise (« le beau est bizarre »), il n'a pas eu recours aux condiments de la littérature licencieuse. Ses poèmes les plus chauds restent étrangers à la poésie sotadique, et c'est sans complaisance qu'il considère les ouvrages systématiquement épicés du XVIIIe, comme le prouve une de ses lettres à Poulet-Malassis, à qui, en octobre 1865, il demande quelques renseignements pour Sainte-Beuve :

« Vous seriez bien gentil si vous m'envoyiez une note me disant quel est le prix d'un exemplaire de la *Justine,* et où cela peut se trouver, tout de suite ; me disant aussi le prix des *Aphrodites,* du *Diable au corps,* et quelles sont, selon vous, les caractéristiques morales ou littéraires d'autres saloperies, telles que celles produites par le Mirabeau et le Rétif.

« Que diable le sieur Baudelaire veut-il faire de ce paquet d'ordures ? Le sieur Baudelaire a assez de génie pour étudier le crime dans son propre cœur. Cette note est destinée à un grand homme qui croit ne pouvoir l'étudier que chez les autres. »

Mais autre chose est de blesser la moralité publique, autre chose de se laisser brimer par elle. Les conclusions de Baudelaire sur les rapports de la morale et de l'art sont fort nettes : l'œuvre d'art est nécessairement morale puisqu'elle ne procède que de l'appétition du beau ; le poète et le romancier n'ont que faire de moraliser ; ce sont des créateurs, non des magisters. Dans ses *Notes nouvelles sur Edgar Poe,* publiées en 1857, – et qui, par exception, satisfont assez Baudelaire pour qu'il les reprenne textuellement en 1859 au cours de son étude sur Gautier, – il dénonce l'hérésie de la morale parmi les hérésies qui, à son sens, affectent l'art :

« Une foule de gens se figurent que le but de la poésie est un enseignement quelconque, qu'elle doit tantôt fortifier la conscience, tantôt perfectionner les mœurs, tantôt enfin démontrer quoi que ce soit d'utile... La Poésie, pour peu qu'on veuille descendre en soi-même, interroger son âme, rappeler ses souvenirs d'enthousiasme, n'a pas d'autre but qu'Elle-même ; elle ne peut pas en avoir d'autre, et aucun poème ne sera si grand, si noble, si véritablement digne du nom de poème, que celui qui aura été écrit uniquement pour le plaisir d'écrire un poème.

« Je ne veux pas dire que la poésie n'ennoblisse pas les mœurs, – qu'on me comprenne bien, – que son résultat final ne soit pas d'élever l'homme au-dessus du niveau des intérêts vulgaires ; ce serait évidemment une absurdité. Je dis que si le poète a poursuivi un but moral, il a diminué sa force poétique ; et il n'est pas imprudent de parier que son œuvre sera mauvaise. La poésie ne peut pas, sous peine de mort ou de déchéance, s'assimiler à la science ou à la morale ; elle n'a pas la Vérité pour objet, elle n'a qu'Elle-même. Les modes de démonstration de vérités sont autres et sont ailleurs. La Vérité n'a rien à faire avec les chansons. Tout ce qui fait le charme, la grâce, l'irrésistible d'une chanson, enlèverait à la Vérité son autorité et son pouvoir. Froide, calme, impassible, l'humeur démonstrative repousse les diamants et les fleurs de la Muse ; elle est donc absolument l'inverse de l'humeur poétique. »

En fait, aucun des divers modes d'expression que comporte l'art ne ressortit directement à la morale. Le roman non plus n'est pas tributaire de celle-ci, et Baudelaire, dans sa préface aux *Martyrs ridicules,* déplore que Cladel ait nui par un prêche à l'éclat de son récit :

« Dans un des meilleurs passages du livre, il [Cladel] nous montre un brave homme, officier plein d'honneur et d'esprit, mais vieux avant l'âge, et livré par d'affaiblissants chagrins et par la fausse hygiène de l'ivrognerie aux gouailleries d'une bande d'estaminet. Le lecteur est instruit de l'ancienne grandeur morale de Pipabs, et ce même lecteur souffrira lui-même du martyre de cet ancien brave, minaudant, gambadant, rampant, déclamant, marivaudant, pour obtenir de ces jeunes bourreaux... quoi ? l'aumône d'un dernier verre d'absinthe. Tout à coup, l'indignation de l'auteur se projette d'une manière stentorienne par la bouche d'un des personnages, qui fait justice immédiate de ces divertissements de rapins. Le discours est très-éloquent et très-enlevant ; malheureusement la note personnelle de l'auteur, sa simplicité révoltée, n'est pas assez voilée. Le poète, sous son masque, se laisse encore voir. Le suprême de l'art eût consisté à rester glacial et fermé, et à laisser au lecteur tout le mérite de l'indignation. L'effet d'horreur en eût été augmenté. Que la morale officielle trouve ici son profit, c'est incontestable ; mais l'art y perd, et avec l'art vrai, la vraie morale : la suffisante, ne perd jamais rien. »

Meilleur artiste que Cladel, Flaubert s'était soigneusement gardé d'alourdir de digressions moralisatrices l'histoire de *Madame Bovary*. Au lendemain de la condamnation de ses *Fleurs du Mal*, Baudelaire l'en félicitait dans un article de *L'Artiste* :

« Plusieurs critiques avaient dit : cette œuvre, vraiment belle par la minutie et la vivacité des descriptions, ne contient pas un seul personnage qui représente la morale, qui parle la conscience de l'auteur. Où est-il, le personnage proverbial et légendaire, chargé d'expliquer la fable et de diriger l'intelligence du lecteur ? En d'autres termes, où est le réquisitoire ?

« Absurdité ! Éternelle et incorrigible confusion des fonctions et des genres ! – Une véritable œuvre d'art n'a pas besoin de réquisitoire. La logique de l'œuvre suffit à toutes les postulations de la morale, et c'est au lecteur à tirer les conclusions de la conclusion. »

Qu'on n'aille pas croire que, chez Baudelaire, ce fussent là principes occasionnels nés du souci de riposter aux accusations dont sa propre poésie était l'objet. Dès 1851, il affirmait les mêmes convictions dans un article sur *Les Drames et les Romans honnêtes,* où, loin de plaider *pro domo sua*, il attaquait l'inepte *École du bon sens,* illustrée par Ponsard et par Émile Augier, et vitupérait *Jérôme Paturot* :

« Il y a des mots, grands et terribles, qui traversent incessamment la polémique littéraire : l'art, le beau, l'utile, la morale. Il se fait une grande mêlée ; et, par manque de sagesse philosophique, chacun prend pour soi la moitié du drapeau, affirmant que l'autre n'a aucune valeur... Il est douloureux de noter que nous trouvons des erreurs semblables dans deux écoles opposées : l'école bourgeoise et l'école socialiste. Moralisons ! moralisons ! s'écrient toutes les deux avec une fièvre de missionnaires. Naturellement l'une prêche la

LA POÉSIE N'A
PAS D'AUTRE BUT
QU'ELLE-MÊME

morale bourgeoise et l'autre la morale socialiste. Dès lors l'art n'est plus qu'une question de propagande.

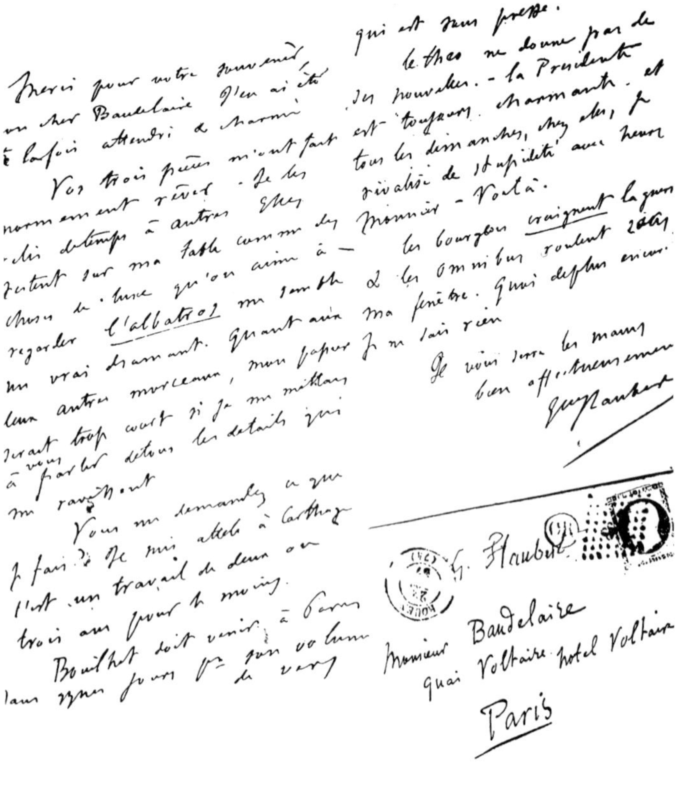

« L'art est-il utile ? Oui. Pourquoi ? Parce qu'il est l'art. Y a-t-il un art pernicieux ? Oui. C'est celui qui dérange les conditions de la vie. Le vice est séduisant, il faut le peindre séduisant ; mais il traîne avec lui des maladies et des douleurs morales singulières ; il faut les décrire. Étudiez toutes les plaies comme un médecin qui fait son service dans un hôpital, et l'école du bon sens, l'école exclusivement morale, ne trouvera plus où mordre. Le crime est-il toujours châtié, la vertu gratifiée ? Non ; mais cependant, si votre roman, si votre drame est bien fait, il ne prendra envie à personne de violer les lois de la nature. La première condition nécessaire pour faire un art sain est la croyance à l'unité intégrale. Je défie qu'on me trouve un seul ouvrage d'imagination qui réunisse toutes les conditions du beau et qui soit un ouvrage pernicieux.

« ... J'ai un ami qui m'a plusieurs années tympanisé les oreilles de Berquin. Voilà un écrivain. Berquin ! un auteur charmant, bon, consolant, faisant le bien, un grand écrivain ! Ayant eu, enfant, le bonheur ou le malheur de ne lire que de gros livres d'homme, je ne le connaissais pas. Un jour que j'avais le cerveau embarbouillé de ce problème à la mode : la morale dans l'art, la providence des écrivains me mit sous la main un volume de Berquin. Tout d'abord je vis que les enfants y parlaient comme de grandes personnes, comme des livres, et qu'ils moralisaient leurs parents. Voilà un art faux, me dis-je. Mais voilà qu'en poursuivant je m'aperçus que la sagesse y était incessamment abreuvée de sucreries, la méchanceté invariablement ridiculisée par le châtiment. Si vous êtes sage, vous aurez du "nanan", telle est la base de cette morale. La vertu est la condition *sine qua non* du succès. C'est à douter si Berquin était chrétien. Voilà pour le coup, me dis-je, un art pernicieux. Car l'élève de Berquin, entrant dans le monde, fera bien vite la réciproque : le succès est la condition *sine qua non* de la vertu. D'ailleurs, l'étiquette du crime heureux le trompera, et, les préceptes du maître aidant, il ira s'installer à l'auberge du vice, croyant loger à l'enseigne de la morale. »

Des mêmes principes découle le blâme que Baudelaire réserve aux récompenses officielles. Paru peu de jours avant le coup d'État du 2 décembre, l'article que nous venons de citer (*Les Drames et les Romans honnêtes*) s'insurge contre le décret par lequel le ministre Faucher instituait des prix pour les pièces de théâtre « de nature à servir à l'enseignement des classes laborieuses par la propagation d'idées saines et le spectacle de bons exemples » :

■ Lettre de Gustave Flaubert à Charles Baudelaire, vers 1858. En 1857, Charles Baudelaire publie un long compte rendu de *Madame Bovary*. Peu après, il envoie *L'Albatros* et deux autres poèmes à Gustave Flaubert qui lui répond : « Vos trois poèmes m'ont fait énormément rêver. Je les relis de temps à autre. Ils restent sur ma table comme des choses de luxe qu'on aime à regarder. *L'Albatros* me semble un vrai diamant. Quant aux deux autres morceaux, mon papier serait trop court si je me mettais à vous parler de tous les détails qui me ravissent. »

« Les prix portent malheur, répond Baudelaire. Prix académiques, prix de vertu, décorations, toutes ces inventions du diable encouragent l'hypocrisie et glacent les élans spontanés d'un cœur libre. Quand je vois un homme demander la croix, il me semble que je l'entends dire au souverain : J'ai fait mon devoir, c'est vrai ; mais si vous ne le dites pas à tout le monde, je jure de ne pas recommencer.

« Qui empêche deux coquins de s'associer pour gagner le prix Montyon ? L'un simulera la misère, l'autre la charité. Il y a dans un prix officiel quelque chose qui blesse l'homme et l'humanité, et offusque la pudeur de la vertu. Pour mon compte, je ne voudrais pas faire mon ami d'un homme qui aurait eu un prix de vertu : je craindrais de trouver en lui un tyran implacable.

« Quant aux écrivains, leur prix est dans l'estime de leurs égaux et dans la caisse des libraires.

« De quoi diable se mêle M. le Ministre ? Veut-il créer l'hypocrisie pour avoir le plaisir de la récompenser ? Maintenant le boulevard va devenir un prêche perpétuel. Quand un auteur aura quelques termes de loyer à payer, il fera une pièce honnête ; s'il a beaucoup de dettes, une pièce angélique. Belle institution ! »

Les récompenses promises à l'art « utile » irritent Baudelaire et avec lui tous les esprits libres, mais elles ne heurtent ni la morale bourgeoise ni la morale socialiste, car elles encouragent la sottise et l'hypocrisie, vertus cardinales de toute société policée. On lit dans *Mon cœur mis à nu* :

« Tous les imbéciles de la Bourgeoisie qui prononcent sans cesse les mots : "immoral, immoralité, moralité dans l'art" et d'autres bêtises, me font penser à Louise Villedieu, putain à cinq francs, qui m'accompagnant une fois au Louvre, où elle n'était jamais allée, se mit à rougir, à se couvrir le visage, et me tirant à chaque instant par la manche, me demandait devant les statues et les tableaux immortels, comment on pouvait étaler publiquement de pareilles indécences. »

La croix et l'Académie

Par une cruelle ironie, le sort a voulu que Baudelaire, contempteur des honneurs officiels, fasse acte de candidature académique et songe à la Légion d'honneur, sans même prétendre exercer en l'occurrence le droit de se contredire, qu'il lui était arrivé de revendiquer. C'est dans la condamnation des *Fleurs du Mal,* et plus encore dans l'inaptitude de Baudelaire à vivre de sa plume, qu'il faut rechercher l'origine de ces palinodies, plus apparentes que réelles.

À trente-cinq ans, la misère croissante du poète justifiait, aux yeux de sa mère, la dation de conseil judiciaire dont elle avait pris

■ Charles Baudelaire, autoportrait, vers 1857-1858. Charles Baudelaire a su s'adresser à « La muse vénale » : « Sentant ta bourse à sec autant que ton palais,/ Récolteras-tu l'or des voûtes azurées ? » Et aussi écrire dans *Mon cœur mis à nu* que « le commerce est, par son essence, "satanique" ». Selon Jacques Crépet, « le large ruban dont Baudelaire a orné sa boutonnière permet de fixer la date de ce dessin, car c'est en 1857-1858, un peu avant et un peu après le procès des *Fleurs du Mal,* qu'il espéra être décoré. Quant au sac d'écus qui s'envole à tire d'ailes, on sait qu'il ne réussit jamais à l'atteindre ». (Collection particulière.)

de bonne heure l'initiative et contre laquelle il s'est toujours élevé. Des distinctions éclatantes, – la croix d'abord, l'Académie ensuite, – l'eussent grandement servi auprès de Mme Aupick, laquelle semble, jusqu'en 1858 au moins, n'avoir vu en son fils qu'un raté, de qui ne pouvaient venir que des ennuis.

Le 22 août 1858, Baudelaire écrivait à sa mère :

« Voilà donc le 15 août passé sans que la décoration soit venue. Je ne sais pas si je t'ai jamais dit qu'il en avait été question déjà l'an passé, mais que le procès des *Fleurs du Mal* avait fait renvoyer la question à plus tard. Du reste, pour parler avec une absolue franchise, les nominations récentes sont pour moi d'une nature si déplaisante que je suis enchanté de n'avoir pas été jeté dans une fournée et surtout dans celle-là. »

« Celle-là » n'était en vérité ni plus ni moins brillante qu'une autre. Murger y trouvait un bout de ruban et Sandeau une rosette. Une telle promotion ne devait exciter particulièrement ni la convoitise ni l'indignation de Baudelaire, qui disait, dans *Mon cœur mis à nu* :

« Si un homme a du mérite, à quoi bon le décorer ? S'il n'en a pas, on peut le décorer, parce que cela lui donnera un lustre.

« Consentir à être décoré, c'est reconnaître à l'État ou au prince le droit de vous juger, de vous illustrer, etc. »

Plus tard, en 1860, Baudelaire reparlera de décoration à sa mère :

« Il a encore été question de cette ridicule croix d'honneur. J'espère bien que la préface des *Fleurs*[1] rendra la chose à jamais impossible. D'ailleurs j'ai répondu avec courage à celui de mes amis qui me faisait cette ouverture : "*Il y a vingt ans* (je sais que ce que je dis est absurde), c'eût été bien ! Aujourd'hui je veux être une *exception*. Qu'on décore tous les Français, *excepté moi*. Jamais je ne changerai mes mœurs ni mon style. Au lieu de la croix, on devrait me donner *de l'argent, de l'argent,* rien que *de l'argent.* Si la croix vaut cinq cents francs, qu'on me donne cinq cents francs ; si elle ne

1. C'est-à-dire la préface projetée pour la seconde édition des *Fleurs du Mal.*

vaut que vingt francs, qu'on me donne vingt francs." Bref j'ai répondu à des goujats "comme un goujat". Plus je deviens malheureux, plus mon orgueil augmente. » (Lettre du 11 octobre 1860.)

Mais en dépit de ce mépris, dont la sincérité n'est pas douteuse, Baudelaire ne laisse pas de souhaiter la croix, afin de l'opposer à ses bêtes noires, les deux ou trois bourgeois stupides qui composent tout l'entourage de Mme Aupick, et pour pouvoir, grâce à elle, forcer enfin la considération maternelle.

Sa stupéfiante candidature à l'Académie, à la fin de l'année 1861, procède du même souci. L'Académie dans son ensemble ne l'éblouit pas davantage que le corps des Légionnaires. Excepté Sainte-Beuve et Vigny (Hugo est en exil), il n'est pas d'académiciens qu'il puisse avouer pour maîtres, ni même considérer seulement comme ses pairs. Dans la lettre qu'il adresse le 11 décembre au secrétaire perpétuel pour l'informer de son désir d'être inscrit parmi les candidats qui briguent l'un des fauteuils vacants, il dit en conclusion :

■ Portrait de Sainte-Beuve, par François Joseph Heim. « M. Baudelaire a trouvé moyen de se bâtir, à l'extrémité d'une langue de terre réputée inhabitable et par-delà les confins du romantisme connu, un kiosque bizarre, fort orné, fort tourmenté, mais coquet et mystérieux, où on lit de l'Edgar Poe, où l'on récite des sonnets exquis, où l'on s'enivre avec le haschich pour en raisonner après, où l'on prend de l'opium et mille drogues abominables dans des tasses d'une porcelaine achevée. [...] J'appelle cela la "Folie Baudelaire". [...] Ce qui est certain, c'est que M. Baudelaire gagne à être vu [...]. » Sainte-Beuve, 1862. Charles Baudelaire avec la meilleure grâce a cité ces jugements dans Une réforme à l'Académie, 1862. (Paris, Cabinet des dessins du musée du Louvre.)

« La principale considération qui me pousse à solliciter vos suffrages est que, si je me déterminais à ne les solliciter que quand je m'en sentirais digne, je ne les solliciterais jamais. Je me suis dit, qu'après tout, il valait peut-être mieux commencer tout de suite ; si mon nom est connu de quelques-uns parmi vous, peut-être mon audace sera-t-elle prise en bonne part, et quelques voix "miraculeusement" obtenues seront considérées par moi comme un généreux encouragement et un ordre de mieux faire. »

La vérité se laisse aisément deviner : Baudelaire ne nourrit pas d'illusions sur les chances de sa candidature ; quelques voix « miraculeuses » le contenteraient : elles montreraient à sa mère que d'éminents personnages ne le dédaignent pas. Dans sa misère matérielle et morale, un tel témoignage lui serait précieux. Il se présente à l'Académie comme un débiteur assailli par les huissiers achète un billet de loterie qui, lui rapportât-il le gros lot, ne le tirerait pas d'embarras. Mais, sur le conseil de Sainte-Beuve, il renonce à cette candidature avant l'élection du successeur de Lacordaire. Il n'y aurait pas obtenu une seule voix. « Votre désistement n'a pas déplu, lui écrit Sainte-Beuve le 15 février 1862 ; mais, quand on a lu votre dernière phrase de remerciement, conçue en termes si modestes et si polis, on a dit tout haut : "Très bien !" Ainsi vous avez laissé de vous une bonne impression : n'est-ce donc rien ? »

Abandonnons Sainte-Beuve et ses collègues à la « bonne impression » qu'ils ont eue de M. Baudelaire. Le savant critique s'est largement mépris sur la valeur et l'importance des *Fleurs du Mal* ; ne lui marchandons pas le mérite d'avoir reconnu la courtoisie, à la fois simple et raffinée, du poète qu'il redoutait de patronner.

Baudelaire et le gouvernement

Comme il se contredit en sollicitant l'Académie, Baudelaire s'était déjà contredit en sollicitant le gouvernement.

En 1855 il pouvait encore affirmer hautement sa
volonté de ne faire la cour à aucune puissance. Rapportant à Mme Aupick une conversation qu'il venait
d'avoir avec son conseil judiciaire, il écrivait le
20 décembre :

« Je disais ce matin même à Ancelle une chose que je
trouve assez raisonnable. Je lui disais : préféreriez-vous
que je fisse ce que font tant d'hommes de lettres, qui
ont moins d'orgueil que moi, et ce que je n'ai jamais
fait sous aucun ministère, sous aucun gouvernement ?
Demander de l'argent à un ministre me fait horreur, et
cependant cela est presque un usage ; il y a des fonds
pour cela. Quant à moi, j'ai un orgueil et une prudence
qui m'ont toujours éloigné de ces moyens-là. Jamais
mon nom ne paraîtra dans les ignobles paperasses d'un
gouvernement. J'aime mieux devoir à tout le monde. »

En 1857, il ne lui est plus possible de tenir parole. Il
doit à tout le monde. Il a mis à contribution tous les
prêteurs qu'il pouvait trouver. Ce que lui doivent journaux ou éditeurs est entièrement hypothéqué. À la
veille de la publication des *Fleurs du Mal*, il adresse au
ministre de l'Instruction publique une demande
d'« encouragement sur les fonds des Sciences et des
Lettres », à laquelle Son Excellence M. Gustave Rou-
land fait droit, en lui octroyant quelques jours plus tard
une « indemnité à titre éventuel » de 200 francs.

Par la suite, Baudelaire réclamera plusieurs fois
l'assistance gouvernementale. En novembre 1857,
après la condamnation de son livre, il recourt même à
l'Impératrice pour obtenir sinon la remise totale, du
moins une réduction sensible de l'amende de
300 francs que les juges correctionnels lui ont infligée.
Le 20 janvier 1858, le garde des Sceaux ramène à
50 francs cette amende, dont le ministre de l'Instruc-

tion publique a pratiquement déchargé le condamné en lui allouant dès le 18 janvier une seconde indemnité de 100 francs.

On a si souvent cité la lettre que Baudelaire avait reçue de Hugo en septembre 1857, au lendemain du procès des *Fleurs du Mal*, qu'aux yeux de beaucoup de gens le poète passe pour avoir été une des victimes de l'Empire. « Ce que le régime appelle sa justice, lui avait écrit Hugo, vous a condamné au nom de ce qu'il appelle sa morale. » Pour éloquente qu'elle soit, cette façon de dire s'écarte fort de la vérité. Les erreurs et même les crimes du régime impérial sont patents, mais Baudelaire n'a pas personnellement souffert de ce régime. Il a été victime de la bourgeoisie la plus bornée et, quelque foi qu'elle confesse, la plus dépourvue de spiritualité, – celle dont le bréviaire est un carnet mondain. Lorsque le Parquet le poursuit, lorsque la 6e Chambre le condamne, les magistrats ne cèdent pas à des suggestions gouvernementales, ils ne s'inspirent pas de l'opinion du *Moniteur,* journal quasi officiel où Édouard Thierry vient de faire l'éloge de l'ouvrage incriminé, ils ratifient le jugement du *Figaro,* selon lequel l'auteur des *Fleurs du Mal* est impardonnable, puisque « rien ne peut justifier un homme de plus de trente ans d'avoir donné la publicité du livre à de semblables monstruosités[1] ».

Aussi s'explique-t-on que, dans ses périodes de détresse et d'exaspération les plus douloureuses, en 1866, Baudelaire, s'en prenant à peu près à tous et à tout, criant à la fois son horreur des Français qu'il a fuis et des Belges qu'il voudrait fuir, ne songe pas à mettre en cause le régime auquel Hugo imputait la condamnation des *Fleurs du Mal.*

1. *Le Figaro,* 5 juillet 1857.

La France a horreur de la poésie

Il nous a paru plus sûr de ne pas recourir, en général, aux tout derniers textes de Baudelaire : la maladie semble en effet ne pas lui avoir permis d'en peser exactement les termes. Nous avons toutefois, au début de notre étude, extrait d'une lettre à Ancelle de février 1866 quelques lignes sur *Les Fleurs du Mal* ; et nous citerons maintenant de façon plus complète le passage de cette lettre où Baudelaire, clamant « sa » vérité, définit ses amours par l'énumération de ses haines :

« Vous avez été assez enfant pour oublier que la France a horreur de la poésie, de la vraie poésie ; qu'elle n'aime que les saligauds, comme Béranger et de Musset ; que quiconque s'applique à mettre l'orthographe passe pour un homme sans cœur (ce qui est d'ailleurs assez logique, puisque la passion s'exprime toujours mal) ; enfin, qu'une poésie profonde, mais compliquée, amère, froidement diabolique (en apparence), était moins faite que toute autre pour la frivolité éternelle !

« Faut-il vous dire, à vous qui ne l'avez pas plus deviné que les autres, que dans ce livre atroce j'ai mis tout mon cœur, toute ma tendresse, toute ma religion (travestie), toute ma haine ? Il est vrai que j'écrirai le contraire, que je jurerai mes grands dieux que c'est un livre d'art pur, de singerie, de jonglerie, et je mentirai comme un arracheur de dents.

« Et à propos ! Qu'est-ce que c'est donc que la poésie fantaisiste ? Je ne pourrai jamais le deviner. Je défie Deschanel de l'expliquer[1], comme je défie un journaliste ou un professeur quelconque d'expliquer le sens d'un seul des mots dont il se sert. – Il y a donc une poésie fantaisiste, et une poésie qui ne l'est pas. Qu'est-ce que c'est que celle-là qui n'est pas basée sur la fantaisie de l'artiste, du poète, c'est-à-dire sur sa manière de sentir ?

---

1. Ancelle était allé entendre une conférence littéraire d'Émile Deschanel, que Baudelaire tenait pour un « petit bêta, professeur pour demoiselles », etc.

« À propos du sentiment, du cœur, et autres saloperies féminines, souvenez-vous du mot profond de Leconte de Lisle : "Tous les élégiaques sont des canailles !"

« ... Excepté Chateaubriand, Balzac, Stendhal, Mérimée, de Vigny, Flaubert, Banville, Gautier, Leconte de Lisle, toute la racaille moderne me fait horreur. Vos académiciens, horreur. Vos libéraux, horreur. La vertu, horreur. Le vice, horreur. Le style coulant, horreur. Le progrès, horreur. Ne me parlez plus jamais des diseurs de riens. »

Ces lignes, ou plutôt ces cris, sont du 18 février 1866. C'est à Bruxelles que Baudelaire les pousse, sans reprendre souffle, comme s'il pressentait que la parole va bientôt lui être retirée. À la fin du mois de mars, il est frappé d'aphasie. Par surcroît, l'hémiplégie fige son côté droit. Tous les moyens d'expression le désertent, puisqu'il ne peut désormais ni parler ni écrire. À grand-peine, il parvient parfois à bégayer un mot, un seul, et c'est encore une protestation : « Crénom ! » – qui alarme les Sœurs hospitalières de l'Institut Saint-Jean et Sainte-Élisabeth, où il a été transporté en attendant que sa mère le ramène à Paris. Après son départ de l'Institut, le 19 avril, les religieuses feront venir dans sa chambre un exorciste. Décidément, Baudelaire ne s'était ni mépris ni vanté en se proclamant maudit...

■ Charles Baudelaire, par Étienne Carjat,
vers 1866. Cette photographie est antérieure
à l'hémiplégie de mars 1866. Charles Baudelaire n'a pas un an
à vivre. Ses facultés vont effroyablement diminuer. En 1862,
dans *Fusées*, Charles Baudelaire avait noté : « J'ai cultivé mon
hystérie avec jouissance et terreur. Maintenant j'ai toujours le
vertige, et aujourd'hui 23 janvier 1862, j'ai subi un singulier
avertissement, j'ai senti passer sur moi le vent de l'aile de
l'imbécillité. »

Le Rêve d'un Curieux

à Félix Nadar

Connais-tu comme moi la douleur savoureuse ?
De toi dit-on souvent : « Quel homme singulier ! » ?
— J'allais mourir. C'était dans mon âme amoureuse,
Désir mêlé d'horreur, un mal particulier ;

Angoisse et vif espoir, sans humeur factieuse ;
Plus allait se vidant le fatal sablier,
Plus ma torture était âpre et délicieuse ;
Tout mon cœur s'arrachait au monde familier.

J'étais comme l'enfant avide du spectacle,
Haïssant le rideau comme on hait un obstacle...
Mais voici que vint une idée étrange me glaça :

— J'étais mort ! ô miracle ! et la terrible aurore
Avait lui ! — « Quoi ! me dis-je alors, ce n'est que ça ? »
La toile était levée et j'attendais encore.

Et puis la vérité froide se révéla ;
J'étais mort sans surprise, et la faible aurore
M'enveloppait. — Eh ! quoi ! n'est-ce donc que cela ?
La toile était levée et j'attendais encore.

■ Manuscrit du *Rêve d'un curieux*, 1860. Charles Baudelaire envoie en mars 1860 à son éditeur Auguste Poulet-Malassis ce poème dédié à Nadar. Répondant à l'hémistiche – « Oh ! l'homme singulier ! » –, Nadar écrira que « le passant », voyant Charles Baudelaire, songeait : « Celui-là n'est pas tout le monde. »

LA MORT

À quarante-six ans, son impotence, ses traits creusés, ses cheveux blancs lui donnent l'air d'un vieillard. Quand le 31 août 1867, la mort vient le prendre dans une maison de santé du quartier de Chaillot, on peut dire qu'elle libère enfin un condamné, mais un condamné dont la paralysie ne laisse pas deviner s'il a conscience de sa délivrance, s'il n'encourt pas la disgrâce qu'il avait évoquée dans *Mon cœur mis à nu* en écrivant :

« Donner du chloroforme à un condamné à mort serait une impiété, car ce serait lui enlever la conscience de sa grandeur comme victime et lui supprimer les chances de gagner le Paradis. »

Gagner le Paradis ?... Ç'aura été, durant vingt ans, une des plus constantes obsessions de Baudelaire. Sans doute la portait-il en lui depuis toujours, mais la maladie, la gêne, l'angoisse, la réprobation publique auront à coup sûr exaspéré la soif de paradis que révèlent sa nostalgie ou sa recherche de tous les paradis possibles, depuis « le vert paradis des amours enfantines » jusqu'aux paradis artificiels que procurent l'alcool, l'opium ou le haschich.

Le goût du néant, qu'il a maintes fois manifesté dans ses vers ou dans ses lettres, peut bien contredire au souci de son salut qui s'exprime dans ses journaux intimes : en réalité l'un et l'autre sont chez lui équivalents, l'un et l'autre traduisent l'ambition de se soustraire, par n'importe quel moyen, à une condition insupportable, le désir forcené de s'évader de soi-même. Désir désespéré d'ailleurs, car aucune illusion ne le soutient. C'est peut-être à peu de jours d'intervalle que Baudelaire a noté dans *Mon cœur mis à nu* : « Le soin de notre salut nous suspend à l'avenir », et qu'il a composé pour Nadar *Le Rêve d'un curieux* :

Connais-tu, comme moi, la douleur savoureuse,
Et de toi fais-tu dire : « Oh ! l'homme singulier ! »

LA MORT — J'allais mourir. C'était dans mon âme amoureuse,
Désir mêlé d'horreur, un mal particulier :

Angoisse et vif espoir, sans humeur factieuse.
Plus allait se vidant le fatal sablier,
Plus ma torture était âpre et délicieuse ;
Tout mon cœur s'arrachait au monde familier.

J'étais comme l'enfant avide du spectacle ;
Haïssant le rideau comme on hait un obstacle...
Enfin la vérité froide se révéla :

J'étais mort sans surprise, et la terrible aurore
M'enveloppait. — Eh quoi ! n'est-ce donc que cela ?
La toile était levée et j'attendais encore.

La Mort, ici, n'est encore qu'attente : mais ce n'est qu'une image de la Mort entre beaucoup d'autres, car celle-ci est partout présente dans l'œuvre de Baudelaire. On dira qu'en tous temps et en toutes langues la Mort a inspiré les poètes : chez Baudelaire, pourtant, il faut renoncer à voir en elle l'un de ces quelques lieux communs dont Gautier disait qu'ils défrayent le monde depuis sa création. Villon à part, aucun poète français n'a vécu aussi intensément que Baudelaire dans la familiarité de la Mort. Un autre que lui aurait-il su dire d'elle qu'elle « refait le lit des gens pauvres et nus » ?

BAUDELAIRE ET QUELQUES AUTRES

VICTOR HUGO
SAINTE-BEUVE
CHATEAUBRIAND
BALZAC
MOLIÈRE
BÉRANGER

Toute recherche de Baudelaire dans ses propres écrits serait incomplète si l'on négligeait de s'attacher à ses rapports avec les auteurs et les œuvres dont il déplore l'influence, ou, au contraire, avec les maîtres qu'il salue comme les siens. Mais il est arrivé – on va le voir à propos de Hugo – que chez Baudelaire l'admiration et la détestation aillent de pair.

■ Signature de Charles Baudelaire. « Ce que j'écris est bon et irréfutable. » Lettre de Charles Baudelaire à Eugène Crépet, 10 avril 1860.

■ Victor Hugo, caricature d'Étienne Carjat. À la parution du recueil de Victor Hugo, *Les Chansons des rues et des bois,* Charles Baudelaire écrit à sa mère, en novembre 1865 : « C'est horriblement lourd. Je ne vois dans ces choses-là, comme en beaucoup d'autres, qu'une nouvelle occasion de remercier Dieu, qui ne m'a pas donné tant de bêtise. »

Baudelaire et Victor Hugo

Quand Baudelaire débute dans les lettres, Hugo, qui approche de la quarantaine, connaît la célébrité. La poésie et, davantage encore, le théâtre l'ont placé au premier plan.

Les premières rencontres de Hugo et de Baudelaire – il n'y en eut au total que très peu – se situent vers 1842. Il faut croire que les dons de séduction de Hugo se révélèrent inefficaces sur son jeune confrère, car dès 1845 la liberté de jugement dont celui-ci témoigne à l'égard du grand homme, académicien que Louis-Philippe va faire pair de France d'un jour à l'autre, montre que le prestige de Hugo ne lui en impose pas. Dans son *Salon de 1845,* il impute à Hugo l'emploi malheureux que le peintre Boulanger fait de son talent :

« Voilà les dernières ruines de l'ancien romantisme, voilà ce que c'est que de venir dans un temps où il est reçu de croire que l'inspiration suffit et remplace le reste ; voilà l'abîme où mène la course désordonnée de Mazeppa. C'est M. Victor Hugo qui a perdu M. Boulanger, après en avoir perdu tant d'autres ; c'est le poète qui a fait tomber le peintre dans la fosse. Et pourtant M. Boulanger peint convenablement (voyez ses portraits) ; mais où diable a-t-il pris son brevet de peintre d'histoire et d'artiste inspiré ? est-ce dans les préfaces ou les odes de son illustre ami ? »

Dans le *Salon de 1846,* nouvelles attaques contre Hugo, et bien plus vives. Cette fois, c'est l'exaltation de Delacroix qui en fournit l'occasion :

« On a souvent comparé Eugène Delacroix à Victor Hugo. On avait le poète romantique, il fallait le peintre. Cette nécessité de trouver à tout prix des pendants et des analogues dans les différents arts amène souvent d'étranges bévues...

« M. Victor Hugo, dont je ne veux certainement pas diminuer la noblesse et la majesté, est un ouvrier beaucoup plus adroit qu'inventif, un travailleur bien plus correct que créateur... M. Victor Hugo laisse voir dans tous ses tableaux, lyriques et dramatiques, un système d'alignement et de contrastes uniformes. L'excentricité elle-même prend chez lui des formes symétriques. Il possède à fond et emploie froidement tous les tons de la rime, toutes les ressources de l'antithèse, toutes les tricheries de l'apposition. C'est un compositeur de décadence ou de transition, qui se sert de ses outils avec une dextérité véritablement admirable et curieuse. M. Hugo était naturellement académicien avant que de naître, et si nous étions encore au temps des merveilles fabuleuses, je croirais volontiers que les lions verts de l'Institut, quand il passait devant le sanctuaire courroucé, lui ont souvent murmuré d'une voix prophétique : "Tu seras de l'Académie !" »

Cette façon de ravaler Hugo au rang d'un faiseur adroit peut surprendre. Mais il faut considérer qu'en 1846 Hugo se montrait un écrivain fort mesuré, prudent administrateur de ses dons et qu'on eût dit plus soucieux de faire carrière que de doter la poésie française d'airs encore inouïs. Il ne paraissait plus vouloir mobiliser la jeunesse pour de nouvelles batailles d'*Hernani*. Depuis sa réception sous la Coupole en 1841, il n'avait publié que *Le Rhin* et *Les Burgraves*. Depuis un an, il siégeait à la Chambre des Pairs. Même ses amours prenaient un caractère bourgeois. En juillet 1845, un mari jaloux l'avait fait pincer en flagrant délit d'adultère. Incident banal, sans doute, qui faisait dire à Lamartine : « Ces choses-là s'oublient vite, la France est élastique ; on se relève même d'un canapé. » Mais on conçoit que ce canapé, le fauteuil académique et le siège de pair prêtaient alors à la vie de Hugo un décor où Baudelaire se refusât à voir « l'insolence du génie » que, pour sa part, montrait toujours le fougueux Delacroix.

À la vérité, même le Hugo des grands jours romantiques, qui avait enchanté Baudelaire collégien, n'avait plus satisfait Baudelaire auteur. Le dandy s'insurgeait en lui contre la démagogie à laquelle Hugo s'était déjà laissé aller en plusieurs de ses ouvrages, et l'on trouve,

dans son *Salon de 1846,* des mots acerbes pour « la littérature *Marion Delorme,* qui consiste à prêcher les vertus
des assassins et des filles publiques ».

En 1855, à propos d'une autre exposition, Baudelaire
intervient encore pour Delacroix, contre Hugo :

« J'ai tant entendu plaisanter de la laideur des
femmes de Delacroix, sans pouvoir comprendre ce
genre de plaisanterie, que je saisis l'occasion pour pro-
tester contre ce préjugé. M. Victor Hugo le partageait, à
ce qu'on m'a dit. Il déplorait, – c'était les beaux temps
du Romantisme, – que celui à qui l'opinion publique
faisait une gloire parallèle à la sienne commît de si
monstrueuses erreurs à l'endroit de la beauté. Il lui est
arrivé d'appeler les femmes de Delacroix des gre-
nouilles. Mais M. Victor Hugo est un grand poète
sculptural qui a l'œil fermé à la spiritualité. »

De 1846 à 1855 Baudelaire ne s'est décidément pas
rapproché de Hugo. La politique aurait-elle accentué
leurs divergences ? Non, car la politique pèse bien peu
dans les sympathies ou les antipathies de Baudelaire.
Peu lui importe que Hugo ait viré au socialisme tandis
que lui-même se ralliait aux vues de « l'impeccable de
Maistre ». En mai 1860, il écrira même que, s'il devait
parler des satires politiques de Hugo, il serait « plutôt
avec Hugo qu'avec le Bonaparte du coup d'État »,
quoiqu'il considère « l'engueulement politique comme
un signe de sottise ». Bien plus que leur comportement
politique ou social, c'est leur métaphysique qui fait
Baudelaire et Hugo étrangers l'un à l'autre.

En 1859, on voit pourtant Baudelaire faire quelques
avances au poète exilé et s'inspirer de sa manière dans
Les Petites Vieilles, qui lui seront dédiées. Et quand il
envoie ces vers à Guernesey, il les assortit de propos
flatteurs auxquels il n'avait pas habitué le poète qu'il se
donne ce jour-là pour maître :

« Les vers que je joins à cette lettre se jouaient depuis
longtemps dans mon cerveau. Le second morceau a été
fait en vue de vous imiter (riez de ma fatuité, j'en ris
moi-même), après avoir relu quelques pièces de vos

recueils, où une charité si magnifique se mêle à une familiarité si touchante. J'ai vu quelquefois dans les galeries de peinture de misérables rapins qui copiaient les ouvrages des maîtres. Bien ou mal faites, ils mettaient quelquefois dans ces imitations, à leur insu, quelque chose de leur propre nature, grande ou triviale. Ce sera là peut-être (peut-être !) l'excuse de mon audace. Quand *Les Fleurs du Mal* reparaîtront gonflées de trois fois plus de matière que n'en a supprimé la justice j'aurai le plaisir d'inscrire en tête de ces morceaux le nom du poète dont les œuvres m'ont tant appris et ont donné tant de jouissance à ma jeunesse. » (Lettre du 27 septembre 1859.)

Sans doute ces politesses fleurissent-elles la lettre même où Baudelaire sollicite de Hugo une préface pour son étude sur Gautier, qu'il va publier en plaquette. Mais quelle que soit la part de diplomatie que contienne cette lettre, on ne peut douter que Baudelaire ait été sincère quand il y félicite Hugo d'avoir refusé l'amnistie que venait de lui proposer l'Empire, et l'on sait d'autre part qu'il se faisait une trop haute conception de sa poésie pour la mettre à l'école de qui que ce soit dans le seul dessein de se concilier des bonnes grâces. Tout en offrant *Les Petites Vieilles* à Hugo, il n'hésitait d'ailleurs pas à affirmer sa propre singularité :

« Je me rappelle que vous m'envoyâtes lors de la condamnation des *Fleurs du Mal* un singulier compliment sur ma "flétrissure" que vous définissiez une "décoration". Je ne compris pas très bien, parce que j'étais encore en proie à la colère causée par la perte de temps et d'argent. Mais aujourd'hui, Monsieur, je comprends "très bien". Je me trouve fort à l'aise sous ma "flétrissure", et je "sais" que désormais, dans quelque genre de littérature que je me répande, je resterai un monstre et un loup-garou. »

C'est à peu près au moment où Hugo recevait cette lettre que paraissait le premier volume de sa *Légende des Siècles,* que Baudelaire recommande à sa mère :

« Jamais Hugo n'a été si pittoresque ni étonnant que

dans le commencement de "Ratbert" (Le concile d'Ancône), "Zim-Zizimi", "le Mariage de Roland", "la Rose de l'Infante"; il y a là des facultés éblouissantes que lui seul possède. » (Octobre 1859.)

Mais avec le temps cet enthousiasme retombe un peu sur lui-même. En février 1860, Baudelaire écrit au critique lyonnais Armand Fraisse, qui vient de parler avantageusement de Hugo :

« Vous n'avez pas assez distingué la quantité de beauté éternelle qui est dans Hugo des superstitions comiques introduites en lui par les événements, c'est-à-dire la sottise ou sagesse moderne, la croyance au progrès, le salut du genre humain par les ballons... »

À coup sûr, rien chez Hugo n'aura davantage irrité Baudelaire que ce qu'il faut bien appeler sa démagogie, quelque sincère qu'ait pu être Hugo en s'y abandonnant. Baudelaire tenait les opinions démocratiques de Hugo pour des billevesées, mais elles ne heurtaient pas en lui d'autres opinions politiques. Il se fût accommodé de l'optimisme de Hugo comme il le faisait du scepticisme universel de Malassis, si cet optimisme n'avait eu l'ambition (Baudelaire disait la sottise) d'inspirer une sorte de religion socialisante et utilitaire : la religion du progrès. Si éloigné qu'il pût en être, les idées de Hugo le choquaient moins que l'allure de propagande que celui-ci imprimait à leur expression. Toutes les lettres de Guernesey prenaient des airs de proclamations. Celle que Baudelaire reçoit en guise de préface à sa plaquette sur Gautier semble appeler les caractères d'affiche de la littérature électorale : « Je n'ai jamais dit : l'Art pour l'Art, écrit Hugo ; j'ai toujours dit : l'Art pour le Progrès. Au fond, c'est la même chose... En avant ! c'est le mot du Progrès ; c'est aussi le cri de l'Art. Tout le verbe de la Poésie est là. *Ite.* »

On conçoit que devant une telle prose Baudelaire ait pu, selon son humeur, sourire ou s'emporter. Mais, à partir de la quarantaine, la gêne, la maladie et la vieillesse précoce lui laisseront de moins en moins la faculté de sourire.

Son admiration pour Hugo poète lui permet cependant d'écrire encore sur celui-ci, en 1861, la notice qu'Eugène Crépet lui commande pour une anthologie. Notice élogieuse, rédigée sous les impressions de lecture de *La Légende des Siècles,* et où Baudelaire, évoquant presque avec émotion le poète absent de France depuis dix ans, se plaît à rappeler l'époque romantique où il avait pu le rencontrer quelquefois « dans la compagnie d'Édouard Ourliac ». Sur ce qu'il goûte dans la poésie de Hugo, sur ce qu'il a toujours préféré en elle, ce qu'il dit donne à penser que les poèmes tardifs de *Toute la Lyre* ne l'eussent pas déçu :

« Victor Hugo était, dès le principe, l'homme le mieux doué, le plus visiblement élu pour exprimer par la poésie ce que j'appellerai le "mystère de la vie"... La musique des vers de Victor Hugo s'adapte aux profondes harmonies de la nature ; sculpteur, il découpe dans ses strophes la forme inoubliable des choses ; peintre, il les illumine de leur couleur propre. Et, comme si elles venaient directement de la nature, les trois impressions pénètrent simultanément le cerveau du lecteur. De cette triple impression résulte la "morale des choses". Aucun artiste n'est plus universel que lui, plus apte à se mettre en contact avec les forces de la vie universelle, plus disposé à prendre sans cesse un bain de nature. Non-seulement il exprime nettement, il traduit littéralement la lettre nette et claire ; mais il exprime, avec l'"obscurité indispensable", ce qui est obscur et confusément révélé. »

Dans cette étude sur Hugo, pas une allusion à ce qui, dans l'œuvre de Hugo, fait se hérisser Baudelaire. Quand on l'entend louer l'esprit de charité qui inspire à Hugo ses « accents d'amour pour les femmes tombées », on s'interroge : ces accents l'auraient-ils ému au point de lui faire oublier son horreur de « la littérature *Marion Delorme* » ? Après tout, ce n'est pas impossible. Les charmes de la poésie peuvent accomplir de plus grands miracles. Pourtant, l'on ne peut qu'éprouver un malaise quand, à la fin de son éloge, il a pour Hugo des mots d'affection. Ces mots-là nous blessent parce que nous savons que le cœur ne les dicte pas. Alors qu'on admet sans difficultés que, dans son appréciation de Hugo poète, Baudelaire veuille ignorer les critiques féroces dont il accable Hugo prophète des temps nouveaux, on déplore pour lui qu'il croie pouvoir le traiter de « poète chéri et vénéré ». Car s'il est vrai que, d'une certaine façon, il révère encore le poète, il est faux qu'il le chérisse.

En avril 1862, l'article qu'il donne au *Boulevard* sur *Les Misérables* dont vient de paraître la première partie, reprend et accentue les compliments, insolites de sa part, qu'il avait eus l'année précédente pour l'esprit de charité qui imprègne « la littérature *Marion Delorme* ». Contrairement à tous ses principes, et alors qu'il tient la notion de progrès pour absurde, puisque, comme il le note dans ses *Fusées,* « l'homme est toujours semblable et égal à l'homme, c'est-à-dire toujours à l'état sauvage », il présente *Les Misérables* comme un ouvrage édifiant et, par conséquent, utile. Mais ses véritables sentiments sont tels qu'un mois plus tard il confie à sa mère qu'il ne lira probablement pas la suite de l'ouvrage : « La famille Hugo et les disciples me font horreur. » (24 mai 1862.)

Le 10 août, il va plus loin encore ; il confesse à Mme Aupick qu'il a montré, avec *Les Misérables,* qu'il « possédait l'art de mentir » puisqu'il a pu écrire et signer l'éloge de « ce livre immonde et inepte ».

Devant ses amis, il n'hésite pas à couvrir de sarcasmes l'ouvrage qu'il a loué dans *Le Boulevard.* Asselineau a raconté la scène, et semble-t-il avec fidélité car on croirait lire une page de Baudelaire lui-même : « Ah ! disait-il en colère, qu'est-ce que c'est que ces criminels sentimentaux, qui ont des remords pour des pièces de quarante sous, qui discutent avec leur conscience pendant des heures, et fondent des prix de vertu ? Est-ce que ces gens-là raisonnent comme les autres hommes ? J'en ferai, moi, un roman où je mettrai en scène un scélérat, mais un vrai scélérat, assassin, voleur, incendiaire et corsaire, et qui finira par cette phrase : "Et sous ces ombrages que j'ai plantés, entouré d'une famille qui me vénère, d'enfants qui me chérissent et d'une femme qui m'adore, je jouis en paix du fruit de tous mes crimes." »

Ces ironies ne sont plus tout à fait d'un dandy. Un dandy ne les eût débitées que d'un air imperturbable, sur un ton glacé. Son exaspération montre que Baudelaire n'a plus le contrôle de ses nerfs.

La raillerie n'est pas moins acerbe dans ces notes de *Fusées,* qu'il est difficile de dater précisément, mais qui ne semblent pas éloignées du temps des *Misérables* :

« Hugo pense souvent à Prométhée. Il s'applique un vautour imaginaire sur une poitrine qui n'est lancinée que par les moxas de la vanité. Puis l'hallucination se compliquant, se variant, mais suivant la marche progressive décrite par les médecins, il croit que par un "fiat" de la Providence, Sainte-Hélène a pris la place de Jersey.

« Hugo-Sacerdoce a toujours le front penché ; – trop penché pour rien voir, excepté son nombril. »

Et pourtant, Baudelaire, le 17 décembre 1862, demandera encore à Hugo de l'appuyer auprès d'un éditeur belge. Seules la maladie et l'angoisse peuvent expliquer non pas cette banale démarche, mais le pénible mensonge dont Baudelaire la couvre, quand, dans sa lettre, il feint de ranger Hugo parmi les personnes pour lesquelles il éprouve « le plus d'affection et d'estime ».

Hugo, s'il consentit à recommander Baudelaire, ne fut pas dupe. Le 22 décembre, il écrivait à Paul Meurice : « Baudelaire me demande de l'introduire près de Lacroix et des Belges... On dit qu'il m'est à peu près ennemi. Cependant je lui rendrai le service qu'il me demande. »

La recommandation de Hugo auprès de Lacroix devait être sans effet, mais Baudelaire, ayant différé son départ pour Bruxelles, pouvait encore compter sur elle, lorsqu'en avril 1864, à propos d'une prochaine commémoration de Shakespeare, il s'avisait de dénoncer dans

Le Figaro le caractère réel de cette manifestation dont ses organisateurs entendaient faire une sorte de « festival Hugo ». S'il n'est pas contestable que Baudelaire eût exactement saisi la portée de cette commémoration, il est non moins certain que son geste manquait de toute élégance. Ni le fanatisme, ni la bêtise, vraie ou supposée, des disciples de Hugo ne peuvent excuser cette attaque oblique contre un proscrit. Mais le choix même du *Figaro* comme lieu de manœuvre trahit l'aberration où Baudelaire était tombé : n'associait-il pas à cette petite vilenie la feuille qui, sept ans auparavant, avait pris l'initiative de suggérer des poursuites contre *Les Fleurs du Mal* ?

Après cela, Baudelaire ne parlera plus de Hugo que dans sa correspondance. La déchéance intellectuelle que sa fin va mettre en évidence lui interdit d'ailleurs d'achever le moindre travail. Les lettres qu'en 1865 et 1866 il envoie de Bruxelles à sa mère et à Ancelle n'évoquent Hugo et même Mme Hugo et ses fils que pour les traiter tous de sots avec une insistance lassante. Une seule drôlerie dans cet acharnement maladif ; on la trouve dans une lettre du 12 février 1865, où Baudelaire annonce à Ancelle l'installation prochaine de Hugo en Belgique :

« Il paraît que lui et l'Océan se sont brouillés ! Ou il n'a pas eu la force de supporter l'Océan, ou l'Océan lui-même s'est ennuyé de lui. C'était bien la peine de s'arranger soigneusement un palais sur un rocher ! »

Les Chansons des rues et des bois, mises en vente vers la fin d'octobre 1865, lui paraissent un ouvrage « horriblement lourd ». Pourtant, il prendra encore la peine de lire, en mars 1866, *Les Travailleurs de la Mer* et de jeter aussitôt quelques notes sur le papier. Leur indigence ne laisse même pas deviner l'opinion qu'il put avoir du nouveau roman de Hugo, avant que l'attaque d'hémiplégie ne vînt, à la fin du mois, le terrasser.

Baudelaire et Sainte-Beuve

Dans une note autobiographique très succincte, Baudelaire nomme Sainte-Beuve parmi ses « secondes relations littéraires », c'est-à-dire celles qu'il se fit à partir de février 1842, après son retour de l'île Bourbon. Mais il semble que ce ne soit qu'en 1844 qu'il entra en rapports avec Sainte-Beuve, et peut-être en lui envoyant le poème suivant, – où il évoque des souvenirs de collège et où apparaissent déjà quelques vers qu'il devait reprendre, avec plus de bonheur, dans une des plus fameuses pièces des *Fleurs du Mal*.

À Sainte-Beuve

Tous imberbes alors, sur les vieux bancs de chêne,
Plus polis et luisants que des anneaux de chaîne,
Que, jour à jour, la peau des hommes a fourbis,
Nous traînions tristement nos ennuis, accroupis
Et voûtés sous le ciel carré des solitudes,
Où l'enfant boit, dix ans, l'âpre lait des études.
C'était dans ce vieux temps, mémorable et marquant,
Où, forcés d'élargir le classique carcan,
Les professeurs, encor rebelles à vos rimes,
Succombaient sous l'effort de nos folles escrimes
Et laissaient l'écolier, triomphant et mutin,
Faire à l'aise hurler Triboulet en latin. –
Qui de nous, en ces temps d'adolescence pâles,
N'a connu la torpeur des fatigues claustrales,
– L'œil perdu dans l'azur morne d'un ciel d'été,
Ou l'éblouissement de la neige, – guetté,
L'oreille avide et droite, – et bu, comme une meute,
L'écho lointain d'un livre, ou le cri d'une émeute ?

C'était surtout l'été, quand les plombs se fondaient,
Que ces grands murs noircis en tristesse abondaient,
Lorsque la canicule ou le fumeux automne
Irradiait les cieux de son feu monotone,
Et faisait sommeiller, dans les sveltes donjons,
Les tiercelets criards, effroi des blancs pigeons ;

Saison de rêverie, où la Muse s'accroche
Pendant un jour entier au battant d'une cloche ;
Où la Mélancolie, à midi, quand tout dort,
Le menton dans la main, au fond du corridor, –
L'œil plus noir et plus bleu que la Religieuse
Dont chacun sait l'histoire obscène et douloureuse,
– Traîne un pied alourdi de précoces ennuis,
Et son front moite encor des langueurs de ses nuits.
– Et puis venaient les soirs malsains, les nuits
                         [fiévreuses,
Qui rendent de leur corps les filles amoureuses,
Et les font, aux miroirs, – stérile volupté, –
Contempler les fruits mûrs de leur nubilité, –
Les soirs italiens, de molle insouciance,
– Qui des plaisirs menteurs révèlent la science,
– Quand la sombre Vénus, du haut des balcons noirs,
Verse des flots de musc de ses frais encensoirs. –

Ce fut dans ce conflit de molles circonstances,
Mûri par vos sonnets, préparé par vos stances,
Qu'un soir, ayant flairé le livre et son esprit,
J'emportai sur mon cœur l'histoire d'Amaury.
Tout abîme mystique est à deux pas du doute. –
Le breuvage infiltré lentement, goutte à goutte,
En moi qui, dès quinze ans, vers le gouffre entraîné,
Déchiffrais couramment les soupirs de René,
Et que de l'inconnu la soif bizarre altère,
– A travaillé le fond de la plus mince artère. –
J'en ai tout absorbé, les miasmes, les parfums,
Le doux chuchotement des souvenirs défunts,
Les longs enlacements des phrases symboliques,
– Chapelets murmurants de madrigaux mystiques ;
– Livre voluptueux, si jamais il en fut. –

Et depuis, soit au fond d'un asile touffu,
Soit que, sous les soleils des zones différentes,
L'éternel bercement des houles enivrantes,
Et l'aspect renaissant des horizons sans fin
Ramenassent ce cœur vers le songe divin, –
Soit dans les lourds loisirs d'un jour caniculaire,

Ou dans l'oisiveté frileuse de frimaire, –
Sous les flots du tabac qui masque le plafond,
J'ai partout feuilleté le mystère profond
De ce livre si cher aux âmes engourdies
Que leur destin marqua des mêmes maladies,
Et, devant le miroir, j'ai perfectionné
L'art cruel qu'un démon, en naissant, m'a donné,
– De la douleur pour faire une volupté vraie, –
D'ensanglanter un mal et de gratter sa plaie.

Poète, est-ce une injure ou bien un compliment ?
Car je suis vis-à-vis de vous comme un amant
En face du fantôme, au geste plein d'amorces,
Dont la main et dont l'œil ont, pour pomper les
                                              [forces,
Des charmes inconnus. – Tous les êtres aimés
Sont des vases de fiel qu'on boit, les yeux fermés,
Et le cœur transpercé, que la douleur allèche,
Explore chaque jour en bénissant sa flèche.

Dès son entrée dans les lettres, Baudelaire se présentait donc comme un épigone de Joseph Delorme et un
fervent de cet Amaury dont l'histoire, signée Sainte-
Beuve, s'intitule, on le sait, *Volupté.* Effectivement, de
Sainte-Beuve à Baudelaire, et surtout des *Poésies de
Joseph Delorme* aux *Fleurs du Mal,* la filiation, ou tout au
moins la proche parenté, n'est pas douteuse. Baudelaire
l'avouera lui-même en appelant Sainte-Beuve « l'oncle
Beuve ». Et parmi les lignes que le biographe supposé
de Joseph Delorme avait consacrées à son héros en
1829, il en est qui, quarante ans plus tard, auraient pu
convenir à la préface d'une édition posthume de Baudelaire : « Son âme n'offrait plus qu'un inconcevable
chaos, où de monstrueuses imaginations, de fraîches
réminiscences, des fantaisies criminelles, de grandes
pensées avortées, de sages prévoyances suivies d'ac-
tions folles, des élans pieux après les blasphèmes, s'agi-
taient confusément sur un fond de désespoir. »

Mais si la parenté est grande de *Joseph Delorme* aux
Fleurs du Mal (un biologiste y décèlerait peut-être

quelque consanguinité avec *René*), si chacun de ces deux ouvrages témoigne du souci, jusqu'à eux exceptionnel en poésie, d'analyser la sensation, leur différence d'éclat est considérable. Aussi la postérité, qui a porté très haut le volume de vers de Baudelaire, a-t-elle pratiquement abandonné celui de Sainte-Beuve à la seule curiosité des bibliophiles.

Baudelaire, pour sa part, s'était montré plus généreux envers les *Poésies de Joseph Delorme*. Dans son étude sur Gautier, en 1859, il cite Sainte-Beuve, comme un des trois auteurs (les deux autres étant Hugo et Vigny) à qui revenait, selon lui, le mérite d'avoir, au temps du romantisme, ranimé la poésie française. Dans sa notice sur Dupont, en 1851, il était même allé plus loin encore dans l'éloge. De manière allusive mais fort nette néanmoins, il n'hésitait pas à y soutenir la précellence de la poésie de Sainte-Beuve sur celle de Hugo :

« Sans doute, des littérateurs très-ingénieux, des antiquaires très-érudits, des versificateurs qui, il faut l'avouer, élevèrent la prosodie presque à la hauteur d'une création, furent mêlés à ce mouvement [le mouvement romantique], et tirèrent, des moyens qu'ils avaient mis en commun, des effets très-surprenants. Quelques-uns d'entre eux consentirent même à profiter du milieu politique. Navarin attira leurs yeux vers l'Orient, et le philhellénisme engendra un livre éclatant comme un mouchoir ou un châle de l'Inde[1]. Toutes les superstitions catholiques ou orientales furent chantées dans des rythmes savants et singuliers. Mais combien nous devons, à ces accents purement matériels, faits pour éblouir la vue tremblante des enfants ou pour caresser leur oreille paresseuse, préférer la plainte de cette individualité maladive, qui, du fond d'un cercueil fictif, s'évertuait à intéresser une société troublée à ses mélancolies irrémédiables. »

---

1. Le livre éclatant et bariolé, ce sont *Les Orientales* de Hugo, auxquelles Baudelaire oppose les *Poésies de Joseph Delorme,* présentées par Sainte-Beuve comme l'œuvre d'un jeune étudiant en médecine, « mort récemment d'une phtisie pulmonaire compliquée d'une affection du cœur ».

Si Baudelaire poète se sentait redevable de quelque leçon à Joseph Delorme, le moins qu'on puisse dire est qu'il s'est royalement acquitté de sa dette. Mais il est fâcheux qu'il l'ait fait trop souvent aux dépens de Hugo. On ne peut se défendre du soupçon que « l'oncle Beuve », par les propos qu'il a dû tenir à son disciple, n'ait insidieusement encouragé l'hostilité de celui-ci envers Hugo. On sait de quelle malveillance discrète et vigilante Sainte-Beuve était capable. On sait aussi de quelles gorgées de fiel le seul nom de Hugo pouvait emplir sa bouche. Après le coup d'État du 2 décembre, tandis que Hugo s'exile, Sainte-Beuve se rallie à l'Empire, qui fera bientôt de lui un professeur (sifflé) au Collège de France et plus tard un sénateur. La haine de Hugo semble gouverner, pour une part au moins, son comportement.

Dans ses *Conseils aux jeunes littérateurs,* Baudelaire a écrit qu'il faut être avare de haine, car « la haine est une liqueur précieuse », faite « avec notre sang, notre santé, notre sommeil et les deux tiers de notre amour ». On peut penser que dans sa hargne contre Hugo et les siens aura coulé un peu de la liqueur de Sainte-Beuve. Et pourtant, on l'a vu, quand Baudelaire sollicite de Hugo une préface ou une recommandation, celui-ci la lui accorde sans marchander. Quand il souhaite, pour Poe ou pour lui-même, un article de Sainte-Beuve critique de profession, qu'obtient-il ? Rien.

Sainte-Beuve n'a jamais parlé de Baudelaire qu'incidemment, d'abord en février 1860, dans un plaidoyer *pro domo* fait pour répondre à une critique juste et cinglante ; ensuite en janvier 1862, dans un article relatif à de prochaines élections académiques et où l'actualité anecdotique appelait le nom de Baudelaire qui venait de se déclarer candidat à un fauteuil. À cette occasion Sainte-Beuve évoquait enfin *Les Fleurs du Mal,* dont la seconde édition avait déjà paru depuis près d'un an. Quoiqu'il se fût donc largement donné le temps de la lecture et de la réflexion, il ne distinguait encore dans le recueil baudelairien qu'un ouvrage volontairement bizarre, promis à la seule délectation des *happy few* : « Ce singulier kiosque, fait en marqueterie d'une originalité concertée et composite, qui, depuis quelque temps, attire les regards à la pointe extrême du Kamtchatka romantique, j'appelle cela "la Folie Baudelaire". »

Si nous les considérons aujourd'hui sans indulgence, ces quelques mots ne contenaient vraiment rien, qui, en 1862, pût nuire à la réputation de leur signataire, ni compromettre sa situation académique, universitaire ou politique. Ce qu'ils disaient de Baudelaire n'eût même pas alarmé les magistrats qui avaient condamné celui-ci. Et aux yeux du public, placer un poète français à la pointe du Kamtchatka ne constituait pas un éloge éclatant, ce Kamtchatka fût-il romantique.

Tel quel, le modeste certificat de vie que lui délivrait Sainte-Beuve enchanta pourtant Baudelaire. Il avait si longtemps attendu que « l'oncle Beuve » consentît à ne pas l'ignorer dans ses articles, que la plus légère, la plus furtive marque de bienveillance, le plus discret clin d'œil, venant de lui ne pouvait que l'émouvoir. Cet article où Sainte-Beuve s'était surtout soucié de suggérer un plan de réforme dans le recrutement de l'Académie, et où Baudelaire n'était présent qu'à la faveur de sa candidature, comblait le poète autant que l'eût fait, sous une plume sincère, une analyse pertinente de son art. D'évidence, ce que Sainte-Beuve y avait dit de sa personne le retenait davantage que ce qu'il y avait écrit de sa poésie.

Sainte-Beuve avait en effet estimé plus sage de signaler les allures de gentleman de Baudelaire que la qualité qu'il a peut-être méconnue, des *Fleurs du Mal* : « Ce qui est certain, avait-il dit, c'est que M. Baudelaire gagne à être vu ; que là où l'on s'attendait à voir entrer un homme étrange, excentrique, on se trouve en présence d'un candidat poli, respectueux, exemplaire, d'un gentil garçon, fin de langage et tout à fait classique dans les formes. » Baudelaire aurait pu se trouver mécontent d'une telle phrase, qui laissait entendre que ses livres faisaient présager un maniaque et un énergumène. En un autre temps, et venue d'ailleurs, il ne l'eût certainement pas admise. Mais en janvier 1862, au moment où, accablé de soucis, il court les bureaux du ministère d'État pour quémander un secours et s'en voit souvent barrer l'accès par des huissiers, le plaisir d'être reconnu publiquement comme un homme du monde par un de ces académiciens dont il sollicite les suffrages l'emporte en lui sur toute autre considération. Ainsi s'explique la jubilation émue de la lettre de remerciements qu'il adresse à Sainte-Beuve :

« Quelques mots, mon cher ami, pour vous peindre le genre particulier de plaisir que vous m'avez procuré. J'étais très blessé (mais je n'en disais rien) de m'entendre, depuis plusieurs années, traiter de loup-garou, d'homme impossible et rébarbatif...

« Enfin, mon cher ami, vous avez mis bon ordre à tout cela, et je vous en sais bien du gré, – moi qui ai toujours dit qu'il ne suffisait pas d'être savant, mais qu'il fallait surtout être aimable.

« Quant à ce que vous appelez mon "Kamtchatka", si je recevais souvent des encouragements aussi vigoureux que celui-ci, je crois que j'aurais la force d'en faire une immense "Sibérie", mais une chaude et peuplée. Quand je vois votre activité, votre vitalité, je suis tout honteux ; heureusement j'ai des soubresauts et des crises dans le caractère qui remplacent, quoique très insuffisamment, l'action d'une volonté continue.

« ... Je veux, malgré ma tonsure et mes cheveux blancs, vous parler en petit garçon. Ma mère, qui s'ennuie beaucoup, me demande sans cesse des "nouveautés". Je lui ai envoyé votre article. Je sais quel plaisir maternel elle en tirera. Merci pour moi et pour elle. »

Quelques jours plus tard, le 9 février exactement, Sainte-Beuve l'engageait à renoncer à toute candidature académique : « Laissez l'Académie pour ce qu'elle est... » Il avait à coup sûr raison. Baudelaire n'y aurait pas obtenu une seule voix, – pas même celle de Sainte-Beuve.

CHATEAUBRIAND
ET LA GRANDE ÉCOLE DE LA MÉLANCOLIE

Évoquant la mort récente de Delacroix, Baudelaire écrivait en 1863 :

« Quand [...] cet homme unique dans l'histoire de l'art européen a été emporté [...] nous avons tous senti quelque chose d'analogue à cette dépression d'âme, à cette sensation de solitude croissante que nous avaient déjà fait connaître la mort de Chateaubriand et celle de Balzac, sensation renouvelée tout récemment par la disparition d'Alfred de Vigny. Il y a dans un grand deuil national un affaissement de vitalité générale, un obscurcissement de l'intellect qui ressemble à une éclipse solaire, imitation momentanée de la fin du monde. » (L'Œuvre et la Vie d'Eugène Delacroix.)

Chateaubriand est un des quelques écrivains que Baudelaire tient pour les maîtres de notre littérature, et même de toute littérature. Il le nomme avec Victor Hugo et Balzac comme un de ceux que « l'univers nous envie[1] ». Il le range, en compagnie de La Bruyère et de Buffon, parmi les maîtres « les plus sûrs et les plus rares en matière de langue et de style[2] ». Il cite des passages de Chateaubriand dans son *Salon de 1859,* à propos de tableaux de Delacroix auxquels il reconnaît « l'ampleur de touche et de sentiment qui caractérisait la plume qui a écrit *Les Natchez* ». Il en cite encore dans ses journaux intimes, où telle brève notation sur le style, – « La note éternelle, le style éternel et cosmopolite. Chateaubriand, Alph. Rabbe, Edgar Poe », – laisse deviner la nature et la qualité du ravissement où le jetait la musique d'orgue du Vicomte.

Dans les notes qu'il avait prises en vue d'un article sur Laclos et ses *Liaisons dangereuses,* figure une phrase empruntée aux *Natchez* : « Je fus toujours vertueux sans plaisir ; j'eusse été criminel sans remords », que Baude-

1. *Théophile Gautier,* notice littéraire (Poulet-Malassis et de Broise, 1859).
2. « Réflexions sur quelques-uns de mes contemporains », *La Revue fantaisiste,* 15 juillet 1861.

laire eût volontiers contresignée, et qu'il eût pu choisir pour épigraphe aux *Fleurs du Mal.*

La voix de Chateaubriand lui semble comparable « à la voix des grandes eaux[3] », et dans *Les Paradis artificiels* il précise que c'est le ton de cette voix qui l'enchante, comme l'enchante le ton des *Suspiria de profundis* de Quincey, dont il dit :

« C'est ce que d'une manière générale j'appellerais volontiers le ton du "revenant" ; accent, non pas surnaturel, mais presque étranger à l'humanité, moitié terrestre et moitié extra-terrestre, que nous trouvons quelquefois dans les *Mémoires d'outre-tombe,* quand la colère ou l'orgueil blessé se taisant, le mépris du grand René pour les choses de la terre devient tout à fait désintéressé. »

Baudelaire voit en Chateaubriand le créateur de « la grande école de la Mélancolie », à laquelle il se flatte lui-même d'appartenir, et le reconnaît « marqué par sa faculté principale » qui est de « chanter la gloire douloureuse de la mélancolie et de l'ennui[4] ».

Si l'on ajoute qu'il l'admire aussi d'avoir été « le grand seigneur assez grand pour être cynique », c'est-à-dire le grand seigneur qui se veut et se fait dandy, on conçoit sans peine qu'il ait projeté d'en assumer farouchement la défense contre les attaques d'un Villemain, dans une riposte dont il avait rassemblé les éléments :

« Villemain représente l'inutilité affairée et hargneuse comme celle de Thersite. Sa phrase est bourrée d'inutilités ; il ignore l'art d'écrire une phrase, comme l'art de construire un livre.

« "Sa haine contre Chateaubriand." – C'est bien la jugeote d'un pédagogue, incapable d'apprécier le grand gentilhomme des décadences, qui veut retourner à la vie sauvage.

« À propos des débuts de Chateaubriand au régiment, il lui reproche son goût de la parure. Il lui

---

3. *L'Esprit et le Style de M. Villemain,* dans les *Œuvres posthumes* (Mercure de France, 1908).

4. *Théophile Gautier* (Poulet-Malassis et de Broise, 1859).

reproche l'inceste comme source du génie. Eh! que
m'importe à moi la source, si je jouis du génie!

« Il lui reproche plus tard la mort de sa sœur Lucile.
Il lui reproche partout son manque de sensibilité. Un
Chateaubriand n'a pas la même forme de sensibilité
qu'un Villemain.

« Le sédentaire maître d'école trouve singulier que le
voyageur se soit habillé en sauvage et en coureur des
bois. Il lui reproche son duel de célébrité avec Napoléon. Eh bien! n'était-ce pas là aussi une des passions
de Balzac? Napoléon est un substantif qui signifie
domination, et, règne pour règne, quelques-uns peuvent préférer celui de Chateaubriand à celui de Napoléon.

« Les Villemain ne comprendront jamais que les Chateaubriand ont droit à des immunités et à des indul-
gences auxquelles tous les Villemain de l'humanité ne
pourront jamais aspirer. »

BALZAC OU LE VISIONNAIRE PASSIONNÉ

Baudelaire mentionne Balzac parmi ses premières
« relations littéraires », et l'on sait qu'un des premiers
textes qu'il publia fut un article anecdotique : *Comment
on paie ses dettes quand on a du génie*, où il se divertissait
quelque peu aux dépens du romancier.

Balzac y était présenté arpentant tristement ce
« double passage de l'Opéra » que l'achèvement du
boulevard Haussmann a fait disparaître vers 1925 :

« C'était bien lui, lui, la plus forte tête commerciale et
littéraire du dix-neuvième siècle ; lui, le cerveau poétique
tapissé de chiffres comme le cabinet d'un financier ;
c'était bien lui, l'homme aux faillites mythologiques, aux
entreprises hyperboliques et fantasmagoriques dont il
oublie toujours d'allumer la lanterne ; le grand pourchas-
seur de rêves, sans cesse à la "recherche de l'absolu" ; lui,
le personnage le plus curieux, le plus cocasse, le plus
intéressant et le plus vaniteux des personnages de *La
Comédie humaine*, lui, cet original aussi insupportable

■ Honoré de
Balzac, par Louis
Boulanger.
« Vous, ô Honoré
de Balzac, vous
le plus héroïque,
le plus singulier,
le plus romantique
et le plus poétique
parmi tous les
personnages que
vous avez tirés de
votre sein ! »
Charles Baudelaire,
Salon de 1846.
(Tours, musée des
Beaux-Arts.)

dans la vie que délicieux dans ses écrits, ce gros enfant
bouffi de génie et de vanité, qui a tant de qualités et tant
de travers que l'on hésite à retrancher les uns de peur de
perdre les autres, et de gâter ainsi cette incorrigible et
fatale monstruosité ! »

Quoique la malice de ce papier laisse percer à la fois
de la sympathie pour Balzac et de l'admiration pour
son talent, l'économie générale en est telle qu'Eugène
Crépet a pu le prendre pour une diatribe, en qualifier la
raillerie de virulente, et même en déduire que Baude-

laire avait dû s'indigner de voir l'appât du gain amener son impétueux confrère à se servir de « nègres » et à signer des textes de basse qualité.

Pour notre part, loin de penser que Baudelaire ait voulu censurer Balzac, nous serions plutôt enclin à croire qu'il s'est simplement amusé à placer sous le nez de son ami une image de celui-ci telle qu'eût pu lui en renvoyer un miroir déformant. Le fait même que cet article ait d'abord paru sans signature, le 24 novembre 1845, dans les « nouvelles à la main » d'une petite feuille, *Le Corsaire-Satan,* semble bien indiquer que son auteur ne le considérait pas comme une attaque, mais comme une mystification d'où ni l'amitié ni l'admiration n'étaient exclues.

Par la suite, Baudelaire devait n'avoir guère que des éloges pour celui qu'il appelle dans *Les Paradis artificiels* « notre cher et grand Balzac ». La seule réserve qu'il fasse à son sujet vise son style, et encore reconnaît-il à Balzac le mérite de n'en avoir pas ignoré les faiblesses :

« On dit que Balzac charge sa copie et ses épreuves d'une manière fantastique et désordonnée. Un roman passe dès lors par une série de genèses, où se disperse non-seulement l'unité de la phrase, mais aussi de l'œuvre. C'est sans doute cette mauvaise méthode qui donne souvent au style ce je ne sais quoi de diffus, de bousculé et de brouillon, – le seul défaut de ce grand historien. » *(Conseils aux jeunes littérateurs.)*

« Avoir non-seulement un style, mais encore un style particulier, était l'une des plus grandes ambitions, sinon la plus grande, de l'auteur de *La Peau de Chagrin,* et de *La Recherche de l'Absolu*. Malgré les lourdeurs et les enchevêtrements de sa phrase, il a toujours été un connaisseur des plus fins et des plus difficiles. » *(Théophile Gautier.)*

Dans le chapitre de son *Salon de 1846* où il traite de la beauté moderne et de l'héroïsme de la vie moderne, Baudelaire s'écrie même :

« Les héros de l'Iliade ne vont qu'à votre cheville, ô Vautrin, ô Rastignac, ô Birotteau, – et vous, ô Fontanarès, qui n'avez pas osé raconter au public vos douleurs sous le frac funèbre et convulsionné que nous endossons tous ; – et vous, ô Honoré de Balzac, vous le plus héroïque, le plus singulier, le plus romantique et le plus poétique parmi tous les personnages que vous avez tirés de votre sein ! »

Dans sa notice sur Théophile Gautier, il insiste sur le pouvoir créateur de Balzac et sur le don de transfiguration qui lui a permis d'élever le roman de mœurs, que la sèche observation condamnait à la platitude :

« Si Balzac a fait de ce genre roturier une chose admirable, toujours curieuse et souvent sublime, c'est parce qu'il y a jeté tout son être. J'ai mainte fois été étonné que la grande gloire de Balzac fût de passer pour un observateur ; il m'avait toujours semblé que son principal mérite était d'être visionnaire, et visionnaire passionné. Tous ses personnages sont doués de l'ardeur vitale dont il était animé lui-même. Toutes ses fictions sont aussi profondément colorées que les rêves. Depuis le sommet de l'aristocratie jusqu'aux basfonds de la plèbe, tous les acteurs de sa *Comédie* sont plus âpres à la vie, plus actifs et rusés dans la lutte, plus patients dans le malheur, plus goulus dans la jouissance, plus angéliques dans le dévouement, que la comédie du vrai monde ne nous les montre. Bref, chacun, chez Balzac, même les portières, a du génie. Toutes les âmes sont des armes chargées de volonté jusqu'à la gueule. C'est bien Balzac lui-même. Et comme tous les êtres du monde extérieur s'offraient à l'œil de son esprit avec un relief puissant et une grimace saisissante, il a fait se convulser ses figures ; il a noirci leurs ombres et illuminé leurs lumières. Son goût prodigieux du détail, qui tient à une ambition immodérée de tout voir, de tout faire voir, de tout deviner, l'obligeait d'ailleurs à marquer avec plus de force les lignes principales, pour sauver la perspective de l'ensemble. Il me fait quelquefois penser à ces aquafortistes qui ne sont jamais contents de la morsure, et qui transforment en ravines les écorchures principales de la planche. De cette étonnante disposition naturelle sont résultées des merveilles. Mais cette disposition se définit généralement : les défauts de Balzac. Pour mieux parler, c'est justement là ses qualités. Mais qui peut se vanter d'être aussi heureusement doué, et de pouvoir appliquer une méthode qui lui permette de revêtir, à coup sûr, de lumière et de pourpre la pure trivialité ? Qui peut faire cela ? Or, qui ne fait pas cela, pour dire la vérité, ne fait pas grand'chose. »

Selon Baudelaire, « Balzac, grand, terrible, complexe aussi, figure le monstre d'une civilisation, et toutes ses luttes, ses ambitions et ses fureurs[1] ». Il s'enhardit même à le qualifier « de prodigieux météore qui couvrira notre pays d'un nuage de gloire, comme un orient bizarre et exceptionnel, comme une aurore polaire inondant le désert glacé de ses lumières féeriques[2] ».

MOLIÈRE ET BÉRANGER, PATRONS DE LA RELIGION DU PROGRÈS

Dans les notes de *Mon cœur mis à nu* figurent ces quelques mots :

Les religions modernes ridicules.

Molière.

Béranger.

Garibaldi.

Le rapprochement de ces trois personnages peut paraître singulier. Pourtant, quand il jetait leur nom sur le papier en 1860, Baudelaire poursuivait un raisonnement très cohérent. Il voyait en eux les saints qu'eût pu inscrire à son calendrier une religion nouvelle dont il a maintes fois souligné la bêtise : la religion du progrès.

En 1860, il pouvait s'amuser à relever dans la presse libérale les stupidités qui s'y imprimaient à propos de

---

1. *Théophile Gautier* (Poulet-Malassis et de Broise, 1859).

2. « M. Gustave Flaubert », *L'Artiste,* 18 octobre 1857.

Garibaldi considéré comme une sorte de Messie, comme un porte-drapeau derrière lequel les républicains marchaient à la conquête du bonheur universel. Quant à Molière, il n'hésitait pas à en associer le nom à celui de Béranger, estimant que, le premier dans *Tartuffe,* le second dans ses chansons, avaient également sacrifié à une méprisable démagogie. Il les a d'ailleurs fait encore voisiner dans un projet de préface pour la deuxième édition des *Fleurs du Mal* :

« La France traverse une phase de vulgarité. Paris, centre et rayonnement de bêtise universelle. Malgré Molière et Béranger, on n'aurait jamais cru que la France irait si grand train dans la voie du "progrès". »

Et selon toute vraisemblance, il pensait encore à eux quand, dans un nouveau brouillon de la même préface, il fait allusion à « quelques cuistres célèbres » qui ont apporté leurs secours « à la sottise naturelle de l'homme ».

En ce qui concerne Molière, il est clair, comme l'ont fait remarquer Jacques Crépet et Georges Blin, que Baudelaire reprenait à son compte le reproche que Joubert avait adressé à l'auteur de *Tartuffe,* de « s'être joué de la forme des affections religieuses ». On retrouve ce grief dans *Mon cœur mis a nu*, où Baudelaire écrit :

« Mon opinion sur *Tartuffe* est que ce n'est pas une comédie, mais un pamphlet. Un athée, s'il est simplement un homme bien élevé, pensera, à propos de cette pièce, qu'il ne faut jamais livrer certaines questions graves à la canaille. »

Sans doute Baudelaire n'avait-il pas toujours professé une opinion aussi tranchée sur les précautions à observer en matière de problèmes religieux. Sans doute n'éprouvait-il pas encore les scrupules qu'on lui voit ici quand il publiait, en octobre 1852, dans *La Revue de Paris,* son poème sur *Le Reniement de saint Pierre,* qui faillit lui valoir des poursuites judiciaires. Mais ni l'auteur du bonhomme Chrysale ni le chantre de Lisette et du Roi d'Yvetot n'avaient jamais eu ses sympathies. Rien de plus éloigné du dandysme que la

■ Portrait de Béranger, par Ary Scheffer. (Paris, Musée de la vie romantique.)

vulgarité qui le choquait chez l'un et chez l'autre, et dont il se gaussait déjà en 1848, quand il assurait le secrétariat de rédaction du journal *La Tribune nationale,* – où l'on trouve, à la date du 1er juin, dans les « Nouvelles de Paris », cet écho qu'il rédigea probablement lui-même :

« De même que l'immortel Molière consultait parfois sa servante, notre illustre chansonnier Béranger n'a jamais dédaigné, dit-on, les avis de Mlle Judith, sa

bonne à tout faire. Mlle Judith qui, assure-t-on, jouissait chez le poète populaire par excellence de tous les privilèges d'une maîtresse de maison, a réclamé le titre afférent à sa charge, en sollicitant du poète l'honneur de porter son nom. Béranger, croyant retrouver sa Lisette, a accordé sa main à Mlle Judith qui, au moment où nous écrivons, a l'honneur insigne de s'appeler Mme Béranger. »

À la veille du procès des *Fleurs du Mal,* en août 1857, Baudelaire pense encore à Béranger, dont les chansons grivoises peuvent être utiles, comme repoussoir, à la défense des pièces que le Parquet incrimine. Il écrit à son avocat, Me Chaix d'Est-Ange :

« Décidément citez (avec dégoût et horreur) les bonnes ordures de Béranger : *Le bon Dieu, Margot, Jeanneton...* »

Et dans un aide-mémoire où il consigne pour Chaix d'Est-Ange quelques arguments à soutenir au cours de l'audience :

« M. Charles Baudelaire n'aurait-il pas le droit d'arguer des licences permises de Béranger (œuvres complètes autorisées) ? Tel sujet reproché à M. Ch. Baudelaire a été traité par Béranger ; lequel préférez-vous : le poète triste ou le poète gai et effronté, l'horreur dans le mal ou la folâtrerie, le remords ou l'impudence ? »

En fait, Chaix d'Est-Ange, dans sa plaidoirie, jugea plus habile de ne pas blâmer les libertés de Béranger et même de les trouver toutes naturelles, afin de pouvoir réclamer pour son client des libertés sinon identiques, au moins égales. De même, il revendiqua pour l'auteur des *Fleurs du Mal* le droit qu'avait eu Molière de peindre le vice dans *Tartuffe.* Par un piquant retour des choses, les nécessités de la défense amenaient l'avocat à mobiliser au service du poète deux auteurs que celui-ci traitait sans ménagements.

Toutefois, Molière n'encourait pas aussi largement que Béranger la réprobation de Baudelaire. Si Baudelaire a condamné en Molière « l'esprit fort », l'aïeul de

Voltaire et des rédacteurs du *Siècle,* il en a aussi loué en passant « la bonne humeur poétique nécessaire au vrai grotesque » et « le comique solide et lourd », tandis que son mépris de Béranger ne s'est jamais démenti. Un de ses derniers textes, un projet de lettre ouverte qu'il se proposait d'adresser en 1865 à Jules Janin, montre que jusqu'à la fin de sa vie le nom de Béranger aura eu le don de provoquer ses sarcasmes.

Dans un article assez niais, Janin avait opposé à la mélancolie de Byron et de Henri Heine « la charmante ivresse des vingt ans » célébrée par les poètes français, depuis Desportes jusqu'à Béranger, à qui l'Empire avait accordé en 1857 des obsèques officielles.

Aussi trouve-t-on, dans les brouillons de la lettre par laquelle Baudelaire se promettait de répondre à Janin, plusieurs traits qui visent Béranger :

« Je serais curieux de savoir si vous êtes bien sûr que Béranger soit un poète. (Je croyais qu'on n'osait plus parler de cet homme.)

« – Si vous êtes bien sûr que les belles funérailles soient une preuve du génie ou de l'honnêteté du défunt (moi, je crois le contraire, c'est-à-dire qu'il n'y a guère que les coquins et les sots qui obtiennent de belles funérailles).

« Béranger ? On a dit quelques vérités sur ce grivois. Il y en aurait encore long à dire. Passons. »

ANNEXES
Chronologie : 1821-1867

1821   9 avril : naissance de Charles Pierre Baudelaire, à Paris, 13, rue Haute-
       feuille.

1827   10 février : mort de son père, à l'âge de soixante-sept ans. – Changements
       de domicile : sa mère, veuve à trente-trois ans, va habiter d'abord 58, rue
       Saint-André-des-Arts, puis 30, place Saint-André-des-Arts. – Pendant la
       belle saison, séjour dans une petite maison champêtre, 11, rue du Débarca-
       dère, aux confins des Ternes et de Neuilly, à proximité du bois de Bou-
       logne.

1828   Mme Baudelaire convole avec le commandant Aupick, trente-neuf ans.
1833   Baudelaire interne, au collège de Lyon, où se trouve sa famille ; Aupick
        promu lieutenant-colonel, ayant été nommé chef d'état-major de la 7e
        division militaire.
1836   Retour à Paris où le colonel Aupick vient d'être muté à la 1re division mili-
        taire. Baudelaire interne au collège Louis-le-Grand.
1839   Avril : Baudelaire est renvoyé de Louis-le-Grand pour indiscipline ; il com-
        plète sa préparation au baccalauréat à la pension Lévêque et Bailly, rue de
        l'Estrapade.
        12 août : il est reçu bachelier.

■ Place Saint-André-des-Arts, par Charles Marville.
(Paris, Bibl. historique de la Ville de Paris.)

1841   Vie libre à Paris. Premières liaisons littéraires : Édouard Ourliac, Gérard de
        Nerval, Balzac, Gustave Le Vavasseur.
        9 juin : il s'embarque pour un long voyage en mer, sur décision d'un
        conseil de famille convoqué par les époux Aupick qu'alarment la vie
        désordonnée de Baudelaire et sa volonté de ne se consacrer qu'aux lettres.
        Septembre : séjour à l'île Maurice.
        Octobre : séjour à l'île Bourbon.

1842   Retour à Paris. Nouvelles liaisons littéraires : Théophile Gautier, Théodore
        de Banville.
        Juin : loue une chambre dans l'île Saint-Louis, 10 (aujourd'hui 22), quai
        de Béthune. – S'attache à Jeanne Duval, mulâtresse, figurante dans un
        petit théâtre.

1843   Collabore avec Ernest Prarond (même âge que lui) à un drame en vers,
        Ideolus, qui ne sera jamais terminé.
        Avril : nouveau domicile, rue Vaneau.
        Septembre : article refusé par *Le Tintamarre,* qui le trouve trop audacieux
        dans la satire.
        Octobre : il retourne habiter l'île Saint-Louis, où il a loué, 17, quai
        d'Anjou, un des appartements de l'hôtel de Pimodan, ancienne résidence
        de Lauzun.
        Novembre-décembre : articles refusés par *Le Tintamarre* et par *La Démo-
        cratie pacifique,* qui les jugent passibles de poursuites ou entachés d'immo-
        ralité. Une quinzaine de poèmes qui figureront plus tard dans *Les Fleurs
        du Mal* sont déjà écrits.

1844   Mars : publication, sous la firme du libraire Cazel, d'un petit ouvrage ano-
        nyme, *Mystères galans des théâtres de Paris,* à la confection duquel Baude-
        laire a participé.
        Juillet : son fils multipliant les dettes, Mme Aupick engage une procédure
        tendant à le pourvoir d'un conseil judiciaire.
        21 septembre : le tribunal civil le dote du conseil judiciaire souhaité par sa
        famille : Me Ancelle, notaire à Neuilly.

1845   Avril : il publie son premier ouvrage signé, le *Salon de 1845* (Labitte, édi-
        teur), brochure de 72 pages sous couverture jaune.
        25 mai : dans *L'Artiste,* sonnet *À une créole,* que l'on retrouvera dans *Les
        Fleurs du Mal.*
        30 juin : tentative de suicide (coup de couteau) après rédaction d'un testa-
        ment, par lequel il lègue tout ce qu'il possède à sa maîtresse, Mlle Jeanne
        Lemer (dite aussi Jeanne Duval).

■ Jardin de Mme Aupick, mère de Charles Baudelaire, à Honfleur, vers 1869.
Aquarelle de Gustave Moreau. En mars 1855, tandis que Charles Baudelaire vit dans
la gêne, le ménage Aupick achète à Honfleur une belle maison nichée sur la falaise qui
domine le port. Lorsque Mme Aupick s'y retirera après la mort de son mari, Charles
Baudelaire y séjournera à plusieurs reprises. (Paris, musée Gustave-Moreau.)

Juillet : séjour auprès de sa mère, à l'hôtel de la Place, résidence officielle du général Aupick, qui commande alors la place de Paris (7, place Vendôme). Nouveaux différends avec sa famille et nouvelle rupture avec son beau-père. Il prend une chambre à l'hôtel de Dunkerque, 32, rue Laffitte.

24 novembre : il publie sans signature, dans *Le Corsaire-Satan,* une fantaisie sur Balzac, *Comment on paie ses dettes quand on a du génie,* qu'il redonnera, signée, quelques mois plus tard, dans un autre journal.

1846   Janvier-avril : collaboration au *Corsaire-Satan* et à *L'Esprit public.* – Son adresse, au printemps, est 33, rue Coquenard (aujourd'hui rue Lamartine) et, un peu plus tard, 24, rue de Provence.

Mai : il publie chez Michel Lévy un volume à couverture rose, *Salon de 1846.* Le second plat de la couverture annonce, pour paraître prochainement, un volume de poésies du même auteur : *Les Lesbiennes* (ce seront, onze ans plus tard, *Les Fleurs du Mal*).

6 septembre : il publie dans *L'Artiste* le poème *L'Impénitent* [*Don Juan aux Enfers*]. Il commence une collaboration anonyme, qui durera jusqu'en mars 1847, au *Tintamarre.*

13 décembre : dans *L'Artiste* le poème *À une Indienne* [*À une Malabaraise*].

1847   Janvier : le Bulletin de la Société des Gens de Lettres insère sa nouvelle *La Fanfarlo.* – Au cours de l'année, ses rapports avec sa mère s'aigrissent. Il loge occasionnellement chez Jeanne Duval, 6, rue de la Femme-Sans-Tête. Une autre adresse, 15, cité d'Orléans, est celle qu'il indique dans une lettre passionnée à la comédienne Marie Daubrun, dont il est épris et qu'il tente de séduire. Le Salon de 1847 refuse le portrait que Courbet a fait de lui : *L'Homme à la pipe* (aujourd'hui au musée de Montpellier).

14 novembre : Champfleury, dans un feuilleton du *Corsaire-Satan,* reproduit un sonnet de Baudelaire : *Les Chats.*

Décembre : Baudelaire emménage 36, rue de Babylone, à peu près au moment où le général Aupick, quittant le commandement de la Place pour celui de l'École polytechnique, vient habiter 66, rue de Clichy.

1848   Janvier : collabore au *Corsaire-Satan.*

Fin février : prend part aux émeutes, adhère à la Société Républicaine Centrale que fonde Blanqui, et publie avec ses amis Champfleury et Toubin une feuille socialisante, *Le Salut public,* qui n'aura que deux numéros.

Avril-juin : secrétaire de rédaction du journal conservateur *La Tribune nationale.* Le ménage Aupick part pour Constantinople où le général est envoyé comme ministre plénipotentiaire. Quelques jours avant ce départ, le général reproche vivement à Baudelaire sa liaison avec Jeanne Duval qui le gruge et le trompe. Brouille complète entre le poète et sa mère.

22-25 juin : il participe à l'insurrection ouvrière.

15 juillet : il publie dans *La Liberté de Penser* une traduction de Poe.

Octobre : il se rend à Châteauroux pour y être le rédacteur en chef d'un nouvel bihebdomadaire, *Le Représentant de l'Indre,* de nuance conservatrice. Au bout d'une semaine, il doit se retirer et rentre à Paris.

Novembre : on annonce la parution chez Michel Lévy, en février 1849, d'un recueil de vers de Baudelaire : *Les Limbes* (il s'agit du recueil qui devait d'abord s'appeler *Les Lesbiennes* et qui s'appellera *Les Fleurs du Mal,* quand il paraîtra enfin, sous le Second Empire).

Décembre : Baudelaire publie dans *L'Écho des marchands de vins* son poème *Le Vin de l'Assassin.*

1849   On sait fort peu de choses de la vie de Baudelaire cette année-là. Il manifeste déjà son admiration pour Wagner dont les Parisiens n'entendront pourtant *Tannhäuser* qu'en 1850. Il confie à un écrivain public de la place de la Bourse le soin d'exécuter une copie calligraphiée de ses poèmes et de la faire relier en chagrin. Il lie connaissance avec un jeune chartiste, fils d'un imprimeur d'Alençon, Auguste Poulet-Malassis, récemment libéré des pontons de Brest où l'avait conduit sa participation à l'insurrection de juin 1848.

3 décembre : il part pour Dijon. Que va-t-il y faire ? on l'ignore. Peut-être s'y trouve-t-il appelé par un journal, comme il avait été l'année précédente appelé à Châteauroux. Ce qui est certain, c'est qu'il compte faire à Dijon un séjour d'une assez longue durée, puisque, descendu à l'hôtel, il envisage de louer un petit appartement et de le meubler de meubles pris en location.

1850   9 janvier : Jeanne Duval le rejoint à Dijon. – Durant le séjour du poète à Dijon, accidents secondaires d'une syphilis contractée quelques années auparavant. – La date de son retour à Paris n'est pas exactement connue. Asselineau dit être allé le voir en 1850 dans un logement proche du boulevard Poissonnière. Sans doute cette visite se situe-t-elle avant le mois de mai, époque à laquelle Baudelaire a son domicile à Neuilly, 95, avenue de la République, où il restera jusqu'en juillet 1851.

Juin : il publie dans *Le Magasin des familles* deux poèmes : *Châtiment de l'orgueil* et *Le Vin des honnêtes gens* (plus tard *L'Âme du Vin*).

1851   Mars : il donne au *Messager de l'Assemblée* son étude *Du vin et du haschich*.

9 avril : sous le titre général *Les Limbes, Le Messager de l'Assemblée* insère onze poèmes que l'on retrouvera plus tard dans *Les Fleurs du Mal*.

Début de juin : le général et Mme Aupick, de retour de Constantinople, logent à l'hôtel du Danube, rue Richepanse, avant de repartir pour l'ambassade de France à Madrid. Mme Aupick retrouve son fils dans un pénible dénuement.

Juillet : Mme Aupick part pour Madrid, où son époux l'a précédée. Baudelaire quitte Neuilly pour aller habiter 25, rue des Marais-du-Temple. Il collabore à *La République du Peuple*, « almanach démocratique ». Il propose, sans succès, au journal *Le Pays* des articles sur la caricature, qui ne trouveront preneur que six ans plus tard.

Août : il publie son étude sur Pierre Dupont (20e livraison des *Chants et Chansons* de Pierre Dupont).

Octobre : il fait demander à Londres les œuvres complètes d'Edgar Poe.

27 novembre : il publie dans *La Semaine théâtrale* un article sur *Les Drames et les Romans honnêtes*.

2 décembre : coup d'État. Baudelaire notera plus tard : « Ma fureur au coup d'État. Combien j'ai essuyé de coups de fusil. Encore un Bonaparte ! quelle honte ! » Mais on ignore quelles aventures il connut ce jour-là.

1852   22 janvier : il publie dans *La Semaine théâtrale* un article sur *L'École païenne*.

1er février : le dernier numéro de *La Semaine théâtrale*, qui cesse de paraître, faute de ressources, donne deux poèmes de Baudelaire : *Les Deux Crépuscules*. Avec Charles Monselet, Champfleury, André Thomas et Armand Baschet, Baudelaire médite la publication d'un hebdomadaire, *Le Hibou philosophe*, qui succéderait à *La Semaine théâtrale* ; le projet échoue, le commanditaire sur lequel on comptait s'étant effacé.

23 février : Baudelaire propose au Bulletin de la Société des Gens de Lettres une nouvelle que le Comité de la Société repoussera, et qui ne nous est pas parvenue.

Mars-avril : il publie dans *La Revue de Paris*, où l'a introduit Théophile Gautier, la première étude importante consacrée en France à Edgar Poe.

7 avril : il quitte son domicile de la rue des Marais-du-Temple et se sépare de Jeanne Duval en se promettant de lui venir encore en aide, mais de ne jamais la revoir.

Mai : il demeure 11, boulevard Bonne-Nouvelle.

Octobre : il loge à l'hôtel, 60, rue Pigalle. Des dettes envers le logeur l'y retiendront jusqu'en mai 1854. Il publie dans *La Revue de Paris* deux poèmes (*Le Reniement de saint Pierre* et *L'Homme libre et la mer*) et une traduction de Poe : dans *Le Magasin des familles,* une autre traduction de Poe (*Philosophie d'ameublement*).

9 décembre : il dédie et adresse anonymement à Mme Sabatier un poème intitulé *À une femme trop gaie.* Ce sera, sous le titre *À celle qui est trop gaie,* une des six pièces condamnées des *Fleurs du Mal.*

1953   10 janvier : pour observer les clauses d'un contrat passé depuis quelques mois, Baudelaire livre à l'éditeur Victor Lecou le manuscrit d'une traduction des *Histoires extraordinaires* de Poe et touche le prix convenu. Mais ce texte est si peu au point que, pris de scrupules, Baudelaire lui-même demandera bientôt qu'on interrompe la composition de l'ouvrage et se reconnaîtra débiteur des frais de typographie déjà engagés.

4 février : le journal *Paris* publie une de ses traductions de Poe (*Le Cœur révélateur*).

1er mars : autre traduction de Poe dans *L'Artiste* (*Le Corbeau*). Sa misère matérielle et morale empêche Baudelaire de répondre aux sollicitations de Roqueplan, directeur de l'Opéra, qui lui demande un livret, et à celles d'un théâtre de boulevard qui lui demande un drame. Jeanne Duval, malade, est, elle aussi, sans ressources.

8 mars : le général Aupick est nommé sénateur ; le ménage Aupick rentrera à Paris quelques semaines plus tard et s'installera 91, rue du Cherche-Midi.

17 avril : *Le Monde littéraire* publie une importante étude de Baudelaire : *Morale du joujou.*

Mai : séjour à Versailles et nouveaux envois anonymes de poèmes à Mme Sabatier.

13 et 15 novembre : traductions de Baudelaire dans le journal *Paris* (*Le Chat noir* et *Morella* de Poe).

16 novembre : Jeanne Duval perd sa mère. Malgré son dénuement, Baudelaire prend à sa charge les frais de l'inhumation.

1854   Janvier : il rédige le scénario d'un drame en cinq actes, *L'Ivrogne,* qu'il destine à l'Odéon, mais le drame lui-même ne sera jamais écrit.

Février : nouveaux envois anonymes de poèmes à Mme Sabatier. Pour fuir ses créanciers, il se réfugie pendant dix ou quinze jours à l'hôtel d'York, 61, rue Sainte-Anne. Il propose en vain au *Moniteur* des traductions de contes de Poe.

Mai : envoi de vers, toujours anonyme, à Mme Sabatier. Il abandonne la chambre d'hôtel qu'il occupait depuis dix-sept mois rue Pigalle et en loue une autre à l'hôtel du Maroc, 57, rue de Seine.

25 juillet : *Le Pays* commence la publication de sa traduction des *Histoires extraordinaires* de Poe, qui, interrompue plusieurs fois, se poursuivra jusqu'en avril 1855. Il rêve de faire recevoir son drame, ou plutôt son projet de drame, au théâtre de la Gaîté, où joue Marie Daubrun, dont il a l'esprit fort occupé et qui, selon un de ses biographes, semble avoir à cette époque « accepté de consoler » Baudelaire.

Décembre : las d'être constamment harcelé par les logeurs avec lesquels il est toujours en retard, il annonce à sa mère qu'il compte « rentrer bientôt dans le concubinage », soit en allant retrouver Jeanne Duval, soit en s'installant « chez l'autre ». On ne sait avec certitude qui était « l'autre » : Marie Daubrun ou la mystérieuse J. G. F. à qui seront dédiés *Les Paradis artificiels*? Vers la même époque, il se lie avec Barbey d'Aurevilly.

1855   Mars-avril : six changements d'hôtel en un mois. Le général Aupick achète une petite maison à Honfleur, devant la mer.

26 mai : *Le Pays* commence la publication d'une étude de Baudelaire sur l'Exposition universelle ouverte depuis quelques jours au Nouveau Palais des Beaux-Arts, avenue Montaigne. Il en publie la seconde partie dans son numéro du 3 juin, mais refuse le dernier article (sur Ingres), que *Le Portefeuille* accueillera dans son numéro du 12 août.

1er Juin : *La Revue des Deux Mondes,* sous le titre encore inédit des *Fleurs du Mal,* insère dix-huit poèmes de Baudelaire. Le poète loge alors à l'hôtel de Normandie, 13, rue Neuve-des-Bons-Enfants.

8 juillet : *Le Portefeuille* publie l'étude *De l'essence du Rire.* – De juillet à décembre, Baudelaire habite en meublé, 27, rue de Seine.

3 août : il traite avec Michel Lévy pour l'édition en deux volumes de sa traduction des *Histoires* et des *Nouvelles Histoires extraordinaires* de Poe.

4 novembre : *Le Figaro,* commentant les poèmes des *Fleurs du Mal* parus dans *La Revue des Deux Mondes,* assure que « la réputation et le talent » de leur auteur se sont « brisés en mille pièces », et que Baudelaire, « déchu de sa renommée de surprise, ne sera plus cité désormais que parmi les fruits secs de la poésie contemporaine ».

Décembre : Baudelaire publie dans *La Nouvelle Galerie des artistes dramatiques vivants* une notice élogieuse sur le comédien Rouvière.

Fin décembre : il s'installe 18, rue d'Angoulême-du-Temple dans un logement, nu cette fois, qu'il s'efforce de meubler.

1856   Mars : mise en vente des *Histoires extraordinaires* de Poe dans la collection Michel Lévy à un franc.

Mai : Baudelaire quitte son domicile de la rue d'Angoulême pour retourner à l'hôtel. Il s'installe à l'hôtel Voltaire, 19, quai Voltaire ; il y restera plus de deux ans.

Août ou début septembre : nouvelle rupture avec Jeanne Duval.

21 octobre : il traite avec Michel Lévy pour la publication ultérieure d'une traduction des *Aventures d'Arthur Gordon Pym.*

30 décembre : il traite avec Poulet-Malassis pour la publication des *Fleurs du Mal.*

1857   Début de février : Poulet-Malassis reçoit le manuscrit des *Fleurs du Mal.*

25 février : *Le Moniteur* commence la publication de la *Relation d'Arthur Gordon Pym.*

Mars : mise en vente des *Nouvelles Histoires extraordinaires* dans la collection Michel Lévy.

20 avril : *La Revue française* publie plusieurs poèmes qui paraîtront dans *Les Fleurs du Mal.*

28 avril : le général Aupick meurt à son domicile 91, rue du Cherche-Midi ; le nom de Baudelaire ne figure ni dans son testament ni sur les lettres de faire-part annonçant ses obsèques.

10 mai : *L'Artiste* insère des poèmes empruntés au recueil des *Fleurs du Mal,* dont la sortie est proche.

Fin mai : Mme Aupick se retire à Honfleur.

16 juin : le ministre de l'Instruction publique octroie à Baudelaire qui avait sollicité son assistance une « indemnité » de 200 francs pour sa traduction des *Histoires extraordinaires.*

25 juin : mise en vente des *Fleurs du Mal,* au prix de 3 francs ; le livre a été tiré à 1 300 exemplaires.

5 juillet : *Le Figaro* se déchaîne contre le livre et son auteur, et après avoir dénoncé les pièces qui lui paraissent le plus condamnables, conclut : « Rien ne peut justifier un homme de plus de trente ans, d'avoir donné la publicité du livre à de semblables monstruosités. »

16 juillet : le Parquet fait saisir l'ouvrage, dont l'auteur et les éditeurs sont poursuivis.

18 août : pour la première fois Baudelaire écrit à Mme Sabatier sans déguiser son écriture et en signant sa lettre : « Tous les vers compris entre la page 84 et la page 105 [du livre poursuivi] vous appartiennent. »

20 août : le tribunal correctionnel condamne Baudelaire à 300 francs d'amende, ses éditeurs, Poulet-Malassis et de Broise à 100 francs d'amende chacun, et ordonne la suppression de six poèmes des *Fleurs du Mal.*

24 août : *Le Présent* publie, sous le titre de *Poèmes nocturnes,* six « petits poèmes en prose » de Baudelaire.

31 août : au lendemain du jour où Mme Sabatier vient de répondre à son amour, Baudelaire, dans une lettre où il mêle le tu et le vous, renonce à la liaison qu'il avait si longtemps souhaitée. Ses relations avec Mme Sabatier ne seront désormais qu'amicales.

1er et 15 octobre : *Le Présent* accueille les essais de Baudelaire sur quelques caricaturistes français et étrangers.

18 octobre : dans *L'Artiste,* étude de Baudelaire sur Flaubert.

6 novembre : Baudelaire écrit à l'impératrice pour solliciter la remise de l'amende à laquelle son volume de vers l'a fait condamner.

15 novembre : dans *Le Présent,* nouvelles pièces de vers de Baudelaire, qui seront recueillies dans la deuxième et la troisième édition des *Fleurs du Mal.*

31 décembre : Baudelaire sollicite un nouveau secours du ministre de l'Instruction publique.

1858   Janvier : Douleurs aux jambes, marche difficile, étouffements, maux de ventre et d'estomac : éther, opium. Baudelaire envisage d'aller se fixer à Honfleur auprès de sa mère qui l'y incite.

18 janvier : le ministre de l'Instruction publique lui accorde une indemnité de 100 francs, au titre des *Nouvelles Histoires extraordinaires*.

20 janvier : le garde des Sceaux réduit à 50 francs l'amende infligée au poète pour *Les Fleurs du Mal*.

Fin février : Baudelaire se déchaîne contre son conseil judiciaire, Mᵉ Ancelle, vieil ami de Mme Aupick, dont la surveillance maladroite vient de le blesser cruellement. Il parle d'aller souffleter Mᵉ Ancelle à domicile.

3 mars : Mme Aupick affolée fait intervenir un de ses amis, M. Jacquotot, qui apaise Baudelaire.

Du 20 mars au 4 ou 5 avril : séjour de Baudelaire à Corbeil pour la correction des épreuves de son troisième volume de Poe, que Michel Lévy fait imprimer dans cette ville.

Fin avril : mise en vente des *Aventures d'Arthur Gordon Pym*.

19 septembre : *L'Artiste* publie le sonnet *Duellum*.

30 septembre : dans *La Revue contemporaine*, étude de Baudelaire sur le haschich.

21 octobre : courte visite à sa mère à Honfleur.

Fin octobre : il quitte l'hôtel Voltaire dans l'intention de s'installer bientôt à Honfleur.

■ Charles Baudelaire par lui-même sous l'influence du haschich, vers 1842-1844. « Le haschich est impropre à l'action. Il ne console pas comme le vin ; il ne fait que développer outre mesure la personnalité humaine dans les circonstances actuelles où elle est placée. Autant qu'il se peut, il faut un bel appartement ou un beau paysage, un esprit libre et dégagé, et quelques complices dont le tempérament intellectuel se rapproche du vôtre ; un peu de musique aussi, s'il est possible. » Charles Baudelaire, *Les Paradis artificiels, Le Poème du haschich*. (Collection particulière.)

Novembre : pas de domicile personnel à Paris, où il semble résider surtout 22, rue Beautreillis, chez Jeanne Duval, dont il ne se détachera jamais, malgré de nombreuses décisions de rupture.

Décembre : il passe douze jours à Alençon, où il est l'hôte de Poulet-Malassis.

31 décembre : il retourne pour quarante-huit heures à Alençon, auprès de Malassis dont les affaires sont fort liées aux siennes, l'auteur et l'éditeur, démunis l'un et l'autre, échangeant constamment des traites de complaisance.

1859   9 janvier : Baudelaire publie dans *L'Artiste* une étude sur un recueil de nouvelles de Charles Asselineau (*La Double Vie*).

20 janvier : dans *La Revue française,* deux poèmes (*Le Possédé* et *Le Goût du néant*).

Au cours de la seconde quinzaine de janvier, il repart pour Honfleur. Le ministre de l'Instruction publique lui alloue une nouvelle indemnité de 300 francs pour sa traduction des *Nouvelles Histoires extraordinaires*.

23 février : de Honfleur, il envoie à Maxime Du Camp le poème *Le Voyage* dont il lui offre la dédicace.

Début de mars : il revient à Paris et loge chez Jeanne Duval.

10 et 20 mars : dans *La Revue française,* traductions de Poe (*Éléonora* et *Un événement à Jérusalem*).

13 mars : *L'Artiste* publie son étude sur Théophile Gautier.

15 mars : *La Revue contemporaine* publie son poème *Danse macabre*.

5 avril : Jeanne Duval, frappée de paralysie, est transportée à la Maison de santé Dubois, 200, faubourg Saint-Denis, où elle restera jusqu'au 19 mai.

10 avril : Baudelaire publie trois poèmes (*Sisina, Le Voyage, L'Albatros*) dans *La Revue française*. – Il retourne à Honfleur.

20 avril : dans *La Revue française,* traduction de Poe.

20 mai : dans la même revue, le poème *La Chevelure*.

Du 10 juin au 20 juillet : dans la même revue, *Lettre sur le Salon de 1859*.

Seconde quinzaine de juin : Baudelaire revient à Paris.

Dès le début d'août, et peut-être avant, il prend une chambre à l'hôtel de Dieppe, 22, rue d'Amsterdam. Cependant, il loge souvent rue Beautreillis, chez Jeanne Duval.

15 septembre : il publie dans *La Revue contemporaine* deux poèmes sous le titre *Fantômes parisiens* (*Les Sept Vieillards* et *Les Petites Vieilles*).

Octobre : *La Revue internationale,* paraissant tous les mois à Genève, commence la publication de sa traduction de l'*Eureka* de Poe, qui se poursuivra dans les numéros de novembre et décembre 1859 et de janvier 1860 et sera ensuite interrompue.

Novembre : son étude sur Théophile Gautier paraît en plaquette, précédée d'une lettre de Victor Hugo (Édition Poulet-Malassis et de Broise, prix : un franc).

30 novembre : dans *La Revue contemporaine* : trois poèmes (*Le Masque, Chant d'automne* et *Sonnet d'automne*).

Début de décembre : malgré sa gêne, Baudelaire achète à Guys des dessins.

17 décembre : courte visite à sa mère, à Honfleur.

1860   1er janvier : Baudelaire et Poulet-Malassis passent contrat pour quatre volumes (la seconde édition des *Fleurs du Mal, Les Paradis artificiels, Curiosités esthétiques* et un volume de notices littéraires) ; chacun de ces volumes doit être tiré à 1 500 exemplaires et être payé 300 francs à l'auteur, moitié à la remise de son manuscrit, moitié à la signature du dernier bon à tirer.

13 janvier : crise cérébrale fugace, sans perte de connaissance.

15 et 31 janvier : *La Revue contemporaine* publie l'essai *Un mangeur d'opium*.

22 janvier : dans *La Causerie*, trois poèmes (*À une Madone, Le Cygne, Le Squelette laboureur*).

Fin janvier et début février : Baudelaire éprouve un profond plaisir aux concerts wagnériens donnés à la salle des Italiens.

7 février : une nouvelle indemnité officielle de 300 francs lui est accordée au titre de ses articles sur l'art.

17 février : dans *La Presse,* traduction de Poe (*L'Ange du bizarre*).

Mai : mise en vente des *Paradis artificiels,* que Poulet-Malassis n'a tirés qu'à 1 200 exemplaires, au lieu des 1 500 prévus au contrat du 1er janvier.

15 mai : *La Revue contemporaine* publie cinq poèmes (*Rêve parisien, L'Amour du mensonge, Le Rêve d'un curieux, Semper eadem* et *Obsession*).

Juillet : Baudelaire loue un petit appartement à Neuilly, 4, rue Louis-Philippe, et y fait transporter ses « débris », c'est-à-dire les quelques meubles et objets qu'il a pu conserver. Il projette d'habiter cet appartement, lorsqu'il ne sera pas à Honfleur, chez sa mère. En fait, il va rester à l'hôtel de Dieppe, rue d'Amsterdam, jusqu'en décembre, mais Jeanne Duval, hémiplégique, occupera l'appartement de Neuilly dès août ou septembre.

15 octobre : *L'Artiste* insère huit poèmes (*Alchimie de la douleur, Horreur sympathique, L'Horloge, Les Aveugles, À une passante, Un fantôme, Chanson d'après-midi* et *Hymne à la beauté*).

Du 15 au 20 octobre : séjour à Honfleur.

15 novembre : le ministre de l'Instruction publique accorde à Baudelaire une « indemnité littéraire » de 200 francs.

15 décembre : Baudelaire s'installe dans son appartement de Neuilly, auprès de Jeanne Duval.

1861   10 janvier : au bout de vingt-cinq jours, Baudelaire s'enfuit de Neuilly, exaspéré par la présence constante, dans la chambre de Jeanne, d'un frère qui semble vivre là aux dépens de cette infirme. Il reprend une chambre à l'hôtel de Dieppe, rue d'Amsterdam.

Début de février : mise en vente de la seconde édition des *Fleurs du Mal,* augmentée de trente-cinq poèmes ; le livre, tiré à 1 500 exemplaires, se vend trois francs.

28 février : *La Revue contemporaine* publie deux poèmes (*La Voix* et *Le Calumet de la Paix*).

Mars : Jeanne Duval fait à l'hospice un séjour durant lequel son frère vend une partie du mobilier de l'appartement de Neuilly.

1ᵉʳ avril : *La Revue européenne* insère une étude de Baudelaire sur Richard Wagner. Dentu, éditeur de la revue, publie cette étude en plaquette sous le titre *Richard Wagner et Tannhäuser*.

3 avril : le ministère d'État accorde à Baudelaire une « indemnité » de 300 francs.

Avril-mai : Baudelaire constate de nouveaux symptômes d'activité syphilitique : papules, rhumatismes articulaires. Sa situation matérielle est des plus pénibles, son état moral atroce, il songe une fois de plus au suicide.

15 mai : *La Revue fantaisiste* publie le poème *Madrigal triste*.

15 juin : *La Revue fantaisiste* commence la publication, sous le titre de *Réflexions sur quelques-uns de mes contemporains*, d'une série de notices critiques destinées à une anthologie poétique ; paraît d'abord la notice sur Victor Hugo.

Juillet : Baudelaire médite de poser sa candidature à l'Académie française. – 1ᵉʳ juillet : dans *La Revue fantaisiste,* notice sur Marceline Desbordes-Valmore ; 15 juillet : notices sur Auguste Barbier, Théophile Gautier et Pétrus Borel.

1ᵉʳ août : notices sur Gustave Le Vavasseur et Théodore de Banville ;

15 août : notices sur Pierre Dupont et Leconte de Lisle.

15 septembre : *La Revue européenne* insère quatre poèmes (*La Prière d'un Païen, Le Rebelle, L'Avertisseur, Épigraphe pour un livre condamné*) ; dans *La Revue fantaisiste*, article sur les peintures murales de Delacroix à Saint-Sulpice.

15 octobre : dans *La Revue fantaisiste,* étude (qui en 1862 servira de préface à l'ouvrage) sur *Les Martyrs ridicules* de Léon Cladel.

1ᵉʳ novembre : dans *La Revue européenne* le sonnet *Recueillement* ; dans *La Revue fantaisiste* neuf *Poèmes en prose*.

11 décembre : Baudelaire informe le secrétaire perpétuel de l'Académie de son désir d'être inscrit parmi les candidats à l'un des fauteuils alors vacants (ceux de Scribe et de Lacordaire). Il entreprend aussitôt les visites d'usage, et, avant la fin de l'année, voit Vigny, Lamartine, Viennet, Villemain et Patin.

1862   12 janvier : dans *Le Boulevard*, sonnets de Baudelaire (dont deux inédits : *Le Coucher du Soleil romantique* et *Le Couvercle*).

Seconde quinzaine de janvier : article anonyme de Baudelaire dans *La Revue anecdotique* (*Une réforme à l'Académie*). – Au cours du mois de jan-

■ *Hommage à Eugène Delacroix*, par Henri Fantin-Latour, 1864. Charles Baudelaire est à gauche, au premier rang. « En contemplant la série de ses tableaux [ceux de Delacroix], on dirait qu'on assiste à la célébration de quelque mystère douloureux. » Charles Baudelaire, *Salon de 1846*. (Paris, musée d'Orsay.)

vier Baudelaire éprouve « un grand chagrin » : il a découvert un « fait monstrueux », dont il ne veut rien dire de plus. Son meilleur biographe, Jacques Crépet, a émis l'hypothèse, fort vraisemblable, que Baudelaire venait de s'apercevoir que le soi-disant frère qui grugeait Jeanne Duval était en réalité l'amant de celle-ci.

10 février : sur le conseil de Sainte-Beuve, Baudelaire renonce à sa candidature académique.

1er mars : dans *L'Artiste,* poèmes de Baudelaire (dont deux sonnets inédits : *Le Gouffre* et *La Lune offensée*).

Seconde quinzaine de mars : Baudelaire donne à *La Revue anecdotique* une notice nécrologique non signée sur son ami le romancier Paul de Molènes, dont il se propose depuis longtemps d'adapter une nouvelle pour la scène *(Les Souffrances d'un houzard)*.

2 avril : article non signé dans *La Revue anecdotique (L'Eau-forte est à la mode)*. – Le ministère d'État octroie à Baudelaire une indemnité de 300 francs.

14 avril : Claude-Alphonse Baudelaire, frère consanguin du poète et magistrat en retraite, succombe aux suites d'une hémorragie cérébrale accompagnée d'hémiplégie, à l'âge de cinquante-sept ans. Le poète avait cessé de le voir depuis environ vingt ans.

20 avril : dans *Le Boulevard,* article de Baudelaire sur *Les Misérables.*

12, 19, 26 juillet et 2 août : *Le Monde illustré* publie la traduction du *Joueur d'échecs de Maelzel* de Poe.

26, 27 août et 24 septembre : *La Presse* publie vingt *Petits Poèmes en prose* (dont quatorze inédits).

14 septembre : dans *Le Boulevard,* article sur les *Peintres et aquafortistes* ; Baudelaire y fait l'éloge de Manet, Jongkind, Méryon et Whistler.

12 novembre : Poulet-Malassis en déconfiture est arrêté sur la plainte d'un imprimeur et incarcéré à la prison de Clichy pour dettes.

Décembre : Malassis est transféré à la Maison d'arrêt des Madelonnettes, 12, rue des Fontaines-du-Temple. Baudelaire rêve d'obtenir la direction d'un théâtre subventionné : il pense à l'Odéon...

28 décembre : *Le Boulevard* publie son poème *Les Plaintes d'un Icare.*

1863   13 janvier : Baudelaire cède à l'éditeur Hetzel le droit exclusif de publication, pendant cinq ans, d'un volume de vers (une troisième édition, augmentée, des *Fleurs du Mal*) et d'un volume de poèmes en prose (*Le Spleen de Paris).* Le contrat prévoit que le premier tirage de ces deux volumes sera de 2 000 exemplaires pour chacun, moyennant 600 francs de droits par ouvrage, que Baudelaire touche immédiatement. (Mais Hetzel ne recevra jamais la copie promise.)

25 janvier : *Le Boulevard* publie un poème inédit, *L'Imprévu.*

1er février : dans *Le Boulevard,* nouveau poème inédit, *L'Examen de minuit.* La faillite de Poulet-Malassis entraîne le solde des ouvrages de Baudelaire qui figuraient à son catalogue : on trouve pour un franc la seconde édition des *Fleurs du Mal* et *Les Paradis artificiels,* pour 50 centimes la brochure sur Gautier.

22 avril : après cinq mois de prison préventive, Malassis est condamné par la 8e Chambre (on ignore à quelle peine, les archives judiciaires de 1863 ayant été brûlées pendant la Commune, mais on sait que la condamnation comportait de la prison).

13 mai : Baudelaire s'intéresse vivement aux débuts – sans lendemain – d'une jeune comédienne blonde, Mme Louise Deschamps, qui incarne Andromaque sur la scène de l'Odéon.

10 juin : dans *La Revue nationale et étrangère,* deux petits poèmes en prose (*Les Tentations* et *La Belle Dorothée).*

14 juin : dans *Le Boulevard,* deux autres poèmes en prose (*Les Bienfaits de la Lune* et *Laquelle est la vraie ?).*

12 juillet : Malassis, ayant épuisé les moyens d'appel et vu rejeter son pourvoi en grâce, est invité à se constituer prisonnier.

Août : Baudelaire projette de partir pour la Belgique afin d'y faire une tournée de conférences payées, d'y collaborer à *L'Indépendance belge,* d'y achever les ouvrages qu'il a entrepris et d'y proposer aux éditeurs Lacroix et Verbœckhoven, installés à Bruxelles, ses œuvres critiques et la réédition de ses *Paradis artificiels.*

2 et 14 septembre et 22 novembre : il publie dans *L'Opinion nationale* une importante étude sur l'œuvre et la vie d'Eugène Delacroix.

10 septembre : Mme Aupick passe quelques jours à Paris.

Mi-septembre : Poulet-Malassis s'exile à Bruxelles.

10 octobre : dans *La Revue nationale*, nouveaux poèmes en prose (*Une mort héroïque* et *Le Désir de peindre*).

1er novembre : Baudelaire cède à l'éditeur Michel Lévy pour la somme forfaitaire de 2 000 francs la propriété complète de ses traductions de Poe (trois volumes déjà parus et deux volumes à paraître : *Eureka* et *Histoires grotesques et sérieuses*).

Fin novembre : mise en vente de la traduction d'*Eureka*.

26, 28 novembre et 3 décembre : Baudelaire publie dans *Le Figaro* son étude sur Constantin Guys : *Le Peintre de la vie moderne*. Elle y est annoncée dans une courte note de présentation signée G. B., initiales de Gustave Bourdin, à qui revenait l'honneur d'avoir en 1857 suggéré des poursuites contre l'auteur des *Fleurs du Mal*.

10 décembre : nouveaux poèmes en prose dans *La Revue nationale* (*Le Thyrse, Les Fenêtres, Déjà*).

1864   7 et 14 février : *Le Figaro* commence la publication du *Spleen de Paris* (petits poèmes en prose). Après avoir inséré six morceaux et indiqué que la publication était « à suivre », le journal l'interrompt. Le directeur déclare à Baudelaire que ses poèmes en prose « ennuyaient tout le monde ».

1er mars : *La Revue nouvelle* publie quatre poèmes, dont trois inédits (*Sur le Tasse en prison, Bien loin d'ici, Les Yeux de Berthe*).

Seconde quinzaine de mars : Fantin-Latour expose au Salon un *Hommage à Delacroix*, où Baudelaire figure parmi les personnages du premier plan.

14 avril : *Le Figaro* publie, sans signature, une lettre de Baudelaire sur l'anniversaire de la naissance de Shakespeare, dans laquelle il dénonce une opération publicitaire en faveur de Hugo.

24 avril : Baudelaire part pour Bruxelles où il descend à l'hôtel du Grand Miroir, rue de la Montagne.

Du 2 au 23 mai, il donne au Cercle Artistique et Littéraire cinq conférences (une sur Delacroix, une sur Gautier et trois sur les excitants), dont les deux premières seulement lui sont payées (50 francs belges par conférence). Sauf la première (sur Delacroix), ces conférences, qui furent surtout des lectures, n'obtinrent aucun succès. – Baudelaire projette de rentrer à Paris vers le 15 juin, après avoir tenté sa chance auprès des éditeurs Lacroix et Verbœckhoven.

Fin mai : rapide voyage à Namur pour y voir Rops.

Juin : il envisage d'écrire pour *Le Figaro* une série de lettres sur la Belgique, fort dures pour ce pays et pour les Belges.

13 juin : M. Prosper Crabbe, agent de change à Bruxelles, lui ouvre ses salons pour une nouvelle causerie. Une trentaine d'invitations n'amènent que dix personnes, « très tristes », dans les trois vastes salons aménagés pour cette soirée ; échec total. – Baudelaire souffre d'une exaspération croissante, qu'aggravent des troubles cardiaques et digestifs continuels.

23 juin : Lacroix et Verbœckhoven refusent de s'intéresser aux ouvrages qu'il était venu leur proposer. – Baudelaire décide d'écrire tout un volume

sur la Belgique : *Pauvre Belgique !* et de rentrer en France vers le 15 août, après avoir achevé cet ouvrage.

Août : il charge un agent littéraire parisien de négocier pour lui la cession à un éditeur de ses *Paradis artificiels,* de ses recueils de critique et de *Pauvre Belgique !*

13 août : *La Vie parisienne* reproduit un de ses poèmes en prose *(Les Projets).*

Octobre : accès de fièvre toutes les nuits. Quoique la Belgique lui soit odieuse, Baudelaire s'attarde à Bruxelles, de peur, semble-t-il, de devoir affronter ses créanciers s'il rentre en France.

1er novembre : trois poèmes en prose dans *L'Artiste,* dont un seul inédit *(La Fausse Monnaie).*

1re quinzaine de décembre : séjour chez Rops à Namur.

25 décembre : *La Revue de Paris* publie six poèmes en prose, dont trois inédits *(Les Yeux des pauvres, Le Port, Le Miroir).*

1865   Janvier : la seule personne que Baudelaire puisse voir avec plaisir à Bruxelles est, dit-il, Poulet-Malassis, qui, malheureusement, loge hors de la ville (rue de Mercélis, à Ixelles). Cependant, au cours de l'année, Baudelaire sera assez fréquemment l'hôte de Mme Hugo, qui semble avoir entendu volontiers ses éloges de Sainte-Beuve.

7, 14, 21 et 28 janvier : *Le Monde illustré* publie sa traduction du *Système du docteur Goudron et du professeur Plume* de Poe (mais les droits en reviennent à leur acquéreur, Michel Lévy...).

Mi-mars : Michel Lévy met en vente le cinquième volume de Poe traduit par Baudelaire : *Histoires grotesques et sérieuses.*

29 avril : *La Petite Revue,* dans un articulet non signé dû à Poulet-Malassis, cite des vers de circonstance écrits par Baudelaire en Belgique.

13 mai : toujours alimentée par Malassis, la même revue publie le sonnet *Sur les débuts d'Amina Boschetti.*

21 juin : le quotidien bruxellois *L'Indépendance belge* publie un poème en prose *(Les Bons Chiens).*

24 juin : traduction de Poe dans *La Vie parisienne.*

Du 4 au 15 juillet : voyage à Paris, à Honfleur et retour à Bruxelles. Baudelaire est revenu précipitamment en France pour essayer d'y trouver les fonds nécessaires au règlement d'une créance que Malassis détient sur lui et que celui-ci craint de devoir céder, ce qui livrerait à un tiers l'hypothèque qu'il a sur des œuvres que le poète cherche depuis longtemps à négocier. Mme Aupick prête à son fils 2 000 francs qui vont lui permettre de rembourser en partie Malassis, – auquel il devait 5 000 francs, – et de soustraire ses œuvres à la menace qu'il redoutait.

8 juillet : *La Petite Revue* publie le poème *Le Jet d'eau.*

Octobre : Baudelaire se plaint d'un état « soporeux » qui le fait douter de ses facultés. En vérité, celles-ci sont fort affaiblies. Depuis son arrivée en Belgique, il n'a pu achever aucun des ouvrages qu'il s'était proposé d'y mettre au point (recueil de critiques et recueil de poèmes en prose), ni venir à bout de *Pauvre Belgique !* dont le titre même varie assez souvent (en août, *Une capitale ridicule* ; en décembre, *La Belgique déshabillée*).

28 octobre : il donne à *La Petite Revue* une note nécrologique sur le comédien Rouvière.

Décembre : violentes névralgies ; opium, digitale, belladone, quinine.

1866   Janvier : vertiges, névralgies, nausées. Les démarches de l'agent littéraire parisien qu'il avait chargé de la négociation de ses œuvres n'ayant eu aucun succès, Baudelaire demande à son conseil judiciaire, Mᵉ Ancelle, d'intervenir pour lui auprès de divers éditeurs : les frères Garnier, Dentu, etc.

5 mars : de jeunes poètes qu'il n'a jamais vus et qui n'ont encore publié aucune plaquette saluent un maître en Baudelaire, que ses véritables contemporains ont quasi tous méconnu. À Bruxelles, Baudelaire prend tardivement connaissance des louanges que lui décerne un certain Stéphane Mallarmé (vingt-trois ans) dans *L'Artiste,* et de l'étude chaleureuse que lui consacre un certain Paul Verlaine (vingt et un ans) dans un nouvel hebdomadaire, *L'Art.* Baudelaire, malade, écrit à Troubat, secrétaire de Sainte-Beuve, qui lui a signalé l'intérêt que lui portent ces jeunes inconnus : « Ces jeunes gens me font une peur de chien. Je n'aime rien tant que d'être seul. » – Au cours du mois de mars, s'étant rendu à Namur, Baudelaire éprouve un étourdissement alors qu'il visitait l'église Saint-Loup en compagnie de Rops et de Poulet-Malassis. Le lendemain, des troubles cérébraux se manifestent. Des amis le ramènent à Bruxelles ; son côté droit se paralyse, sa parole se fait difficile et confuse.

29 et 30 mars : il peut encore dicter de courtes lettres.

31 mars : sous le titre, donné par Catulle Mendès, de *Nouvelles Fleurs du Mal, Le Parnasse contemporain* reproduit seize poèmes de Baudelaire postérieurs à la seconde édition des *Fleurs du Mal* ou que leur auteur avait négligé de recueillir dans celle-ci.

Du 3 au 19 avril : l'aphasie a progressé. Baudelaire, qui ne profère plus qu'un seul mot : « Crénom ! », est hospitalisé dans une maison de santé bruxelloise tenue par des religieuses, l'Institut Saint-Jean et Sainte-Élisabeth, rue des Cendres. Mᵉ Ancelle est venu le voir à Bruxelles, où Mme Aupick, âgée de soixante-douze ans, arrive bientôt, accompagnée de sa servante.

Fin avril-mai-juin : Baudelaire, que l'on a ramené à l'hôtel du Grand Miroir, reçoit de fréquentes visites de ses amis Stevens et Poulet-Malassis. En compagnie de ses amis et de sa mère, le poète, muet et à moitié paralysé, fait quelques promenades en voiture aux environs de Bruxelles. En avril, Poulet-Malassis publie à 260 exemplaires, sous le titre *Les Épaves,* une plaquette dont Baudelaire avait corrigé les épreuves et qui contient vingt-trois poèmes, parmi lesquels les six pièces condamnées des *Fleurs du Mal* ; un frontispice de Rops orne cette édition, que Baudelaire eut « une joie d'enfant à voir paraître ».

1er juin : sous le titre de *Petits Poèmes lycanthropes, La Revue du XIXe siècle* reproduit deux poèmes en prose.

2 juillet : Baudelaire quitte Bruxelles pour rentrer à Paris où l'accompagnent sa mère, la servante de celle-ci et Arthur Stevens.

4 juillet : après deux jours passés à l'hôtel, il est transporté à la clinique hydrothérapique du docteur Émile Dumas, rue du Dôme, dans le quartier de Chaillot. – Sur une pétition dont l'initiative revient à Asselineau et que signent Banville, Champfleury, Leconte de Lisle, Mérimée, Sainte-Beuve et Sandeau, le ministère de l'Instruction publique accepte de participer aux frais de pension qu'entraîne l'entrée de Baudelaire à la clinique Dumas. Pour être agréables au malade, Mme Paul Meurice et Mme Édouard Manet viennent jouer des fragments de *Tannhäuser* sur le piano de la clinique.

27 octobre : *La Petite Revue* reproduit le poème en prose *Les Bons Chiens*.

1867   31 août : Baudelaire meurt, à onze heures du matin.

2 septembre : après un service religieux à l'église Saint-Honoré, place de l'Hippodrome, il est inhumé au cimetière Montparnasse. Ses amis Banville et Asselineau prennent la parole sur sa tombe.

Du 31 août au 11 octobre, *La Revue nationale* publie six poèmes en prose, dont trois inédits.

22 novembre : Baudelaire étant mort intestat et un héritier du côté paternel s'étant manifesté, la propriété de ses œuvres complètes est mise en vente publique sur ordonnance de référé. Sur une mise à prix de 1 000 francs, elle sera adjugée pour 1 750 francs à Michel Lévy, déjà propriétaire des traductions de Poe.

1868   6 mai : le tribunal correctionnel de Lille condamne par défaut à un an de prison et 500 francs d'amende Poulet-Malassis, éditeur des *Épaves,* et ordonne la destruction des exemplaires saisis de cette plaquette publiée en Belgique deux ans auparavant.

1870   Pour la dernière fois, Nadar, vieil ami de Baudelaire, aperçoit Jeanne Duval sur le boulevard. Elle se traîne appuyée sur des béquilles.

1871   16 août : Mme Aupick meurt à Honfleur, au cours d'une attaque d'apoplexie.

Bibliographie

Bibliographie mise à jour par Christine Chaufour-Verheyen et Ghislain Sartoris (1994)

ŒUVRES DE BAUDELAIRE DISPONIBLES EN LIBRAIRIE

Œuvres complètes ; préface, introduction et notes de Marcel Raymond ; Lausanne, La Guilde du livre, 1967.

Œuvres complètes ; édition de Marcel Ruff ; Seuil, coll. « L'Intégrale », 1970.

Œuvres complètes ; texte établi, présenté et annoté par Claude Pichois, 2 vol. ; tome 1 : 1975 et 1993 ; tome 2 : 1976 et 1993 ; Gallimard, coll. « Pléiade ».

Œuvres complètes ; édition de Michel Jamet ; Laffont, coll. « Bouquins », 1980.

Correspondance ; présentation, choix et notes de Marcel Raymond ; Lausanne, La Guilde du livre, 1964.

Correspondance ; édition de Claude Pichois ; 2 vol. ; 1 : janvier 1832-février 1860, 2 : mars 1860-mars 1866 ; Gallimard, coll. « Pléiade », 1973. Rééd. du tome 1 en 1993.

Lettres à Charles Baudelaire publiées par Claude et Vincenette Pichois ; « Études baudelairiennes » IV à V, Neuchâtel, La Baconnière, 1973.

L'Art et la révolution : Lettre à Wagner et le Tannhäuser à Paris ; Opale, 1978.

L'Art romantique : littérature et musique ; édition de Lloyd James Austin ; Flammarion, coll. « GF », 1990.

Baudelaire et Asselineau ; textes recueillis et commentés par Jacques Crépet et Claude Pichois ; Nizet, 1953.

Les Cent plus belles pages de Baudelaire ; édition de Pol Vandromme ; Belfond, 1983.

Charles Baudelaire, un poète ; Gallimard, coll. « Folio junior en poésie », 1984.

Choix de maximes consolantes sur l'amour et autres récits ; Calmann Lévy, « Maren Sell », 1993.

Critique d'art. Critique musicale ; Gallimard, coll. « Folio essais », 1992.

Curiosités esthétiques. L'Art romantique ; édition de Henri Lemaître ; Garnier, coll. « Classiques », 1963.

Les Curiosités esthétiques ; Roissard, Cercle des bibliophiles universitaires de France, 3 vol., 1972.

De l'amour ; Orbe, coll. « Les Classiques contemporains », 1991.

Écrits esthétiques ; préface de Jean-Christophe Bailly ; UGE coll. « 10/18 », 1986.

Écrits sur l'art. Curiosités esthétiques ; édition de R. Poggenburg et M. Moulinas ; Le Livre de Poche, 1992.

Études baudelairiennes : un mangeur d'opium ; édition de Michèle Stauble ; Neuchâtel, La Baconnière, 1976.

Études baudelairiennes : Théophile Gautier, deux études ; édition de Philippe Terrier ; Neuchâtel, La Baconnière, 1985.

La Fanfarlo ; préface de Pierre Dumayet ; Castor astral, 1990.

Les Fleurs du mal ; édition de Édouard Maynial ; Les Belles-Lettres, 1952.

– ; préface de Jean Pommier ; reproduction en fac-similé de l'édition de Paris en 1857 ; 2 vol. ; Slatkine, 1968.

– ; Le Livre de Poche, 1972.

– ; édition de Claude Pichois ; Gallimard, coll. « Poésie », 1972.

– ; édition de Antoine Adam ; Garnier, coll. « Classiques », 1977.

– ; UGE, coll. « 10/18 », 1980.

– ; illustrations de Rodin ; Bibliothèque des arts, 1983.

– *et autres poèmes* ; J'ai lu, 1986.

– ; édition critique ; Corti, 1986.

– ; édition de Jean Delabroy et collaborateurs ; Magnard, 1986.

– ; photographies de François Bibal ; Vilo, 1987.

– ; édition de Robert Sctrick ; Presses-Pocket, coll. « Lire et voir les classiques », 1989.

– ; édition de Yoshio Abe ; La Différence, coll. « Orphée », 1989.

– ; édition de Jacques Dupont ; Flammarion, coll. « GF », 1991.

– ; illustrations de Henri Matisse ; Hazan, 1991.

Fusées. Mon cœur mis à nu. La Belgique déshabillée. Amoenitates Belgicae ; édition de André Guyaux ; Gallimard, coll. « Folio », 1986.

Journaux intimes ; avertissement et notes de Jacques Crépet ; Mercure de France, 1938.

– ; illustrations de Hauterives ; Club du livre, 1991.

Les Paradis artificiels ; édition de Marcel Ruff ; Flammarion, coll. « GF », 1966.

– ; Le Livre de Poche, 1972.

– ; Gallimard, coll. « Folio », 1977.

Pensées ; édition de Henri Peyre ; Corti, 1990.

Petits poèmes en prose ; édition de Henri Daniel-Rops ; Les Belles-Lettres, 1952.

– ; Garnier, coll. « Bibliothèque Garnier », 1982.

Pour Delacroix ; édition de Bernadette Dubois ; préface de René Huygue ; Bruxelles, Complexe, 1986.

Le Spleen de Paris ; Le Livre de Poche, 1972.

Petits poëmes en prose ; édition de Robert Kopp ; Gallimard, coll. « Poésie », 1973.

Le Spleen de Paris ; édition de Max Milner ; Imprimerie nationale, 1979.

Le Spleen de Paris. La Fanfarlo ; édition de Barbara Wright et David Scott ; Flammarion, coll. « GF », 1987.

Sur Edgar Poe/Barbey d'Aurevilly ; présentation de Marie-Christine Natta : Bruxelles, Complexe, 1990.

Vers latins et compositions latines de Sainte-Beuve, Alfred de Musset et Baudelaire ; édition de Jules Mouquet ; Mercure de France, 1933.

Traductions d'Edgar Poe par Baudelaire

Edgar Allan Poe, *Œuvres en prose* ; texte établi et annoté par Y.-G. Le Dantec ; Gallimard, coll. « Pléiade », 1932 et rééd. 1951.

– ; *Contes. Essais. Poèmes* ; édition établie par Claude Richard ; Robert Laffont, coll. « Bouquins », 1989.

–, *Les Aventures d'Arthur Gordon Pym* ; préface de Jacques Cabau ; Gallimard, coll. « Folio », 1975.

–, *Les Aventures d'Arthur Gordon Pym* ; édition bilingue de Roger Asselineau ; Aubier-Montaigne, 1973.

Le Chat noir et autres récits fantastiques ; J'ai lu, 1986.

Le Chat noir et autres contes ; édition bilingue et traduction de Henri Justin ; Le Livre de Poche, coll. « Les langues modernes », 1991.

Eureka ; édition de Jean-Louis Scheffer ; Presses-Pocket, coll. « Agora », 1990.

Histoires extraordinaires ; Flammarion, coll. « GF », 1965.

– ; Gallimard, coll. « Folio », 1973.

– ; Le Livre de Poche, 1972.

– ; édition d'Emmanuel Martin et Daniel Mortier ; Presses-Pocket, coll. « Lire et voir les classiques », 1989.

Histoires grotesques et sérieuses ; Gallimard, coll. « Folio », 1978.

– ; Le Livre de Poche, 1973.

Le Livre des quatre corbeaux ; édition de Claude Michel Cluny ; traductions de Charles Baudelaire, Stéphane Mallarmé, Fernando Pessoa ; illustrations de Julio Pomar ; La Différence, 1986.

Nouvelles Histoires extraordinaires ; édition de Roger Asselineau ; Flammarion, coll. « GF », 1965.

– ; Gallimard, coll. « Folio », 1976.

– ; Le Livre de Poche, 1972.

– ; préface et édition de Emmanuel Martin et Daniel Mortier ; Presses-Pocket, coll. « Lire et voir les classiques », 1991.

Principales études

E. Prarond : *De quelques écrivains nouveaux* (Michel Lévy, 1852).

A. C. Swinburne : article anonyme sur *Les Fleurs du Mal,* The Spectator, 6 novembre 1862.

A. de la Fizelière et Georges Decaux : *Essais de bibliographie contemporaine, I : Charles Baudelaire* (Librairie de l'Académie des bibliophiles, 1868).

Charles Asselineau, *Charles Baudelaire, sa vie et son œuvre* ; Lemerre, 1869 ; in *Baudelaire et Asselineau* ; textes recueillis et commentés par Jacques Crépet et Claude Pichois ; Nizet, 1953 ; Cognac, Le Temps qu'il fait, 1990.

Charles Baudelaire, souvenirs, correspondance, bibliographie (René Pincebourde, 1872).

Théodore de Banville : *Charles Baudelaire,* Galerie contemporaine, littéraire, artistique [s. d.], n° 105.

Dr Théodore Ziesing : *Charles Baudelaire,* ein essay (Zurich, C. M. Ebell, 1879).

Théodore de Banville : *La lanterne magique* (G. Charpentier, 1883).

Arsène Houssaye : *Les Confessions. Souvenirs d'un demi-siècle,* 1830-1880 (Dentu, 1885-1891, 6 vol.).

Paul Bourget : *Essais de psychologie contemporaine* (A. Lemerre, 1885).

Edmond et Jules de Goncourt : *Journal* (G. Charpentier et E. Fasquelle, 1887-1896).

Ferdinand Brunetière : Revue des Deux-Mondes, mai 1887.

Barbey d'Aurevilly : *Les œuvres et les hommes : les Poètes* (A. Lemerre, 1889).

Maxime Du Camp : *Souvenirs littéraires* (Hachette, 1892, 2 vol.).

Jules Levallois : *Milieu du siècle,* mémoires d'un critique (Librairie Illustrée, 1895).

Le Tombeau de Charles Baudelaire, ouvrage collectif, précédé d'une étude sur le texte des *Fleurs du Mal,* commentaire et variantes publiés par le prince Alexandre Ourousof, suivi d'œuvres posthumes interdites ou inédites de Charles Baudelaire (Bibliothèque artistique et littéraire, 1896).

Catulle Mendès : *Le mouvement poétique français de 1867 à 1900* (E. Fasquelle, 1903).

Arthur S. Patterson : *L'influence d'Edgar Poe sur Charles Baudelaire,* thèse présentée devant la Faculté des Lettres de l'Université de Grenoble (Grenoble, impr. Allier frères, 1903).

Jules Troubat : *Charles Baudelaire,* discours prononcé le 26 octobre 1902 au cimetière Montparnasse pour l'inauguration du monument funéraire de Charles Baudelaire (Lie de la Province, 1903).

Remy de Gourmont : *Promenades littéraires* (Mercure de France, 1904).

Féli Gautier : *Charles Baudelaire* (Bruxelles, Edmond Deman, 1904).

Albert Cassagne : *Versification et métrique de Charles Baudelaire,* thèse présentée à la Faculté des Lettres de l'Université de Paris (Hachette, 1906).

Eugène Crépet : *Charles Baudelaire,* étude biographique revue et mise à jour par Jacques Crépet, suivie des *Baudelairiana* d'Asselineau (Albert Messein, 1906).

Remy de Gourmont : *Promenades littéraires,* deuxième série (Mercure de France, 1906).

Alphonse Séché et Jules Bertaut : *Charles Baudelaire* (Louis-Michaud, 1910).

Nadar, *Charles Baudelaire intime : le poète vierge* ; Blaizot, 1911 ; Obsidiane, 1985.

Jacques Rivière : *Études* (Nouvelle Revue Française, 1911).

Maurice Kunel : *Baudelaire en Belgique* (Schleicher frères, 1912).

F. Vandérem : *Baudelaire et Sainte-Beuve* (Le Temps présent, 1914).

Guillaume Apollinaire : Introduction à *l'Œuvre poétique de Charles Baudelaire* (Bibliothèque des Curieux, 1917).

G. Jean-Aubry : *Un paysage littéraire, Baudelaire et Honfleur* (La Maison du Livre, 1917).

Louis Barthou : *Autour de Baudelaire* : Le procès des *Fleurs du Mal.* Victor Hugo et Baudelaire (La Maison du Livre, 1917).

Camille Mauclair : *Charles Baudelaire* (La Maison du Livre, 1917).

Le cinquantenaire de Charles Baudelaire, préface d'Ernest Raynaud (La Maison du Livre, 1917).

André Gide : Introduction aux *Fleurs du Mal* (R. Helleu, 1917).

Henry Dérieux : *Baudelaire,* trois essais (Bâle, Nouvelle librairie littéraire, 1917).

Jacques Crépet : Préface aux *Lettres inédites* de Baudelaire à sa mère (Louis Conard, 1918).

Ernest Raynaud : *Baudelaire et la religion du dandysme* (Mercure de France, 1918).

Roger Allard : *Baudelaire et « l'Esprit nouveau »* (Édition du Carnet critique, 1918).

Félix-François Gautier : *La vie amoureuse de Baudelaire,* introduction à : *De l'amour,* par Charles Baudelaire (Société d'Édition et de Librairie, 1919).

François Mauriac : *De quelques cœurs inquiets* (Société littéraire de France, 1919).

Gonzague de Reynold : *Charles Baudelaire* (G. Crès et Cie, 1920).

Jean Carrère : *Les mauvais maîtres* (Plon-Nourrit et Cie, 1922).

Pierre Flottes : *Baudelaire,* l'homme et le poète (Perrin et Cie, 1922).

Ernest Raynaud : *Charles Baudelaire,* étude biographique et critique (Garnier frères, 1922).

Édouard de Rougemont : *Commentaires graphologiques sur Charles Baudelaire* (Société de Graphologie, 1922).

Henri de Régnier : *Baudelaire et les Fleurs du Mal* (Les Presses françaises, 1923).

Albert Thibaudet : *Intérieurs,* Baudelaire, Fromentin, Amiel (Plon-Nourrit et Cie, 1924).

Paul Valéry : *Situation de Baudelaire* (Monaco, 1924).

Jacques Crépet : *Une colère de Baudelaire* (Les Amis d'Édouard Champion, 1926).

Stanislas Fumet : *Notre Baudelaire* (Plon-Nourrit et Cie, 1926).

François Porché : *La vie douloureuse de Charles Baudelaire* (Plon-Nourrit et Cie, 1926).

Raymond Trial : *La maladie de Baudelaire,* étude médico-psychologique, thèse de médecine (Jouve et Cie, 1926).

Le Manuscrit autographe, 1927. Numéro consacré à Baudelaire.

Jean Royère : *Baudelaire, mystique de l'amour* (Champion, 1927).

Robert Vivier : *L'originalité de Baudelaire* (La Renaissance du Livre, 1927).

Gustave Kahn : *Charles Baudelaire, son œuvre* (Éditions de la Nouvelle Revue Critique, 1928).

Léon Lemonnier, *Edgar Poe et la critique française de 1845 à 1875* : Charles Baudelaire ; PUF, 1928.

–, *Les Traducteurs d'Edgar Poe en France de 1845 à 1875* : Charles Baudelaire ; PUF, 1928.

–, *Enquêtes sur Baudelaire* ; Crès et Cie, 1929.

Jules Mouquet : Introduction aux *Vers retrouvés* de Baudelaire (Émile-Paul frères, 1929).

La Muse Française, 10 déc. 1929. Numéro consacré à Charles Baudelaire.

S. A. Rhodes : *The cult of beauty in Charles Baudelaire* (New York, 1929, 2 vol.).

Malcolm Gilmore Wright : *The role of the auditive sense in Baudelaire's works* (Philadelphia, 1929).

Peter Quennell : *Baudelaire and the symbolists* (London, Chatto and Windus, 1929).

Louis Caubet : *La névrose de Baudelaire,* essai de critique médico-psychologique, thèse de méd. (Bordeaux, impr. Y. Cadoret, 1930).

G. T. Clapton : *Balzac, Baudelaire and Maturin, in French Quarterly,* June 1930.

Dr Photis Scouras : *Baudelaire toxicomane* (G. Doin et Cie, 1930).

G. T. Clapton : *Baudelaire et de Quincey* (Les Belles-Lettres, 1931).

Pierre Dufay : *Autour de Baudelaire* (Le Cabinet du Livre, 1931).

Dr René Laforgue : *L'échec de Baudelaire,* étude psychanalytique sur la névrose de Charles Baudelaire (Denoël et Steele, 1931).

Ernest Seillière : *Baudelaire* (Armand Colin, 1931).

Philippe Soupault : *Baudelaire* (Rieder, 1931).

Jules Mouquet : Introduction aux *Œuvres en collaboration* de Charles Baudelaire (Mercure de France, 1932).

Jean Pommier : *La mystique de Baudelaire* (Les Belles-Lettres, 1932).

W. T. Bandy : *Baudelaire judged by his contemporaries, 1845-1867* (New York, Columbia University, 1933).

André Ferran : *Le Salon de 1845 de Charles Baudelaire,* thèse complémentaire pour le doctorat ès lettres (Toulouse, l'Archer, 1933).

André Ferran : *L'esthétique de Baudelaire* (Librairie Hachette, 1933) ; Nizet, 1968.

Camille Mauclair : *Le Génie de Baudelaire,* poète, penseur, esthéticien (Éditions de la Nouvelle Revue Critique, 1933).

Jules Mouquet : introduction aux *Vers latins* de Charles Baudelaire (Mercure de France, 1933).

Dr E. Poulain : *Charles Baudelaire et l'école normande* (Paris, 1933).

Albert Feuillerat, *Baudelaire et sa mère* ; Montréal, Dussault et Péladeau, 1935.

Guillain de Bénouville : *Baudelaire le trop chrétien* (Grasset, 1936).

John Charpentier : *Baudelaire* (J. Tallandier, 1937).

Randolph Hughes : *Une étape de l'esthétique de Baudelaire, Catherine Crowe* (Revue de Littérature comparée, octobre-décembre 1937).

André Suarès, *Trois grands vivants : Cervantès, Tolstoï, Baudelaire* ; Grasset, 1937.

W. T. Bandy : *The Revue Anecdotique and Baudelaire,* in *Romanic Review,* févr. 1938.

Jacques Crépet : Introduction aux *Mystères galants des théâtres de Paris* (Gallimard, 1938).

Giovanni Macchia, *Baudelaire critico* ; Florence, Sansoni, 1939.

Marc Séguin : *Génie des Fleurs du Mal* (A. Messein, 1939).

Georges Blin : *Baudelaire,* préf. de Jacques Crépet (Gallimard, 1939).

Marcel Raymond, *De Baudelaire au surréalisme* ; Corti, 1940.

Pierre Jean Jouve, *Le Tombeau de Baudelaire* ; Neuchâtel, La Baconnière, 1942 ; Le Seuil, 1958.

E. Noulet : *Études littéraires* (Mexico, 1944).

Albert Béguin : *Baudelaire et l'autobiographie* (Poésie 45, n° 28).

Jean Pommier : *Dans les chemins de Baudelaire* (José Corti, 1945).

Jean Massin : *Baudelaire entre Dieu et Satan* (R. Julliard, 1945).

F. Porché : *Baudelaire, histoire d'une âme* (Flammarion, 1945), rééd. 1967.

Maurice Blanchot : *L'échec de Baudelaire* (L'Arche, n⁰ˢ 24 et 25).

J. Mouquet et W. T. Bandy : *Baudelaire en 1848* (Émile-Paul, 1946).

Jean-Paul Sartre, *Baudelaire* ; Gallimard, 1947 ; préface de Michel Leiris, Gallimard, coll. « Folio essais », 1988.

Paul Arnold, *Le Dieu de Baudelaire* ; Savel, 1947.

Georges Blin, *Le Sadisme de Baudelaire* ; Corti, 1947.

Benjamin Fondane, *Baudelaire et l'expérience du gouffre* ; Seghers, 1947.

W. T. Bandy, *La Vérité sur le jeune enchanteur* ; Mercure de France, février 1950.

Thomas Stearn Eliot, *Essais choisis* ; Le Seuil, 1950.

Marc Eigeldinger, *Le Platonisme de Baudelaire* ; Neuchâtel, La Baconnière, 1951.

Henri Peyre, *Connaissance de Baudelaire* ; Corti, 1951.

Jean Prévost, *Baudelaire* ; Mercure de France, 1953.

Jacques Crépet et Claude Pichois, *Baudelaire et Asselineau* ; Nizet, 1953.

Marcel A. Ruff, *Baudelaire, l'homme et l'œuvre* ; Hatier, 1954.

Marcel A. Ruff, *L'Esprit du mal et l'esthétique baudelairienne* ; Armand Colin, 1955.

Jean-Pierre Richard, *Poésie et profondeur* (« Profondeur de Baudelaire ») ; Le Seuil, 1955, coll. « Points », 1976.

Claude Pichois, *Le Vrai Visage du général Aupick* ; Mercure de France, 1955.

Lloyd James Austin, *L'Univers poétique de Baudelaire* ; Mercure de France, 1956.

L. Horner, *Baudelaire critique de Delacroix* ; Droz, 1956.

Baudelaire et les Fleurs du mal ; études de J. Pommier, C. Pichois, R. Pierrot, W. T. Bandy et al. ; Revue d'Histoire littéraire de la France, octobre-décembre 1957.

Baudelaire devant ses contemporains ; textes recueillis et présentés par W. T. Bandy et Claude Pichois ; Monaco, Le Rocher, 1957 ; UGE coll. « 10/18 », 1967.

Jacques Crépet, *Propos sur Baudelaire* ; Mercure de France, 1957.

Enid Starkie, *Baudelaire* ; London, Faber and Faber, 1957.

Patrick Quinn, *The French Face of Poe* ; Carbondale, Illinois, Southern Illinois University Press, 1957.

Daniel Vouga, *Baudelaire et Joseph de Maistre* ; Corti, 1957.

Yves Bonnefoy, *L'Improbable et autres essais* ; Mercure de France, 1959 ; Gallimard, coll. « Folio essais », 1992.

François Porché, *Baudelaire et la Présidente* ; Gallimard, 1959.

Baudelaire, documents iconographiques ; commentaires de Claude Pichois et François Ruchon ; Genève, P. Cailler, 1960.

Baudelaire ; textes de Antoine Blondin, Jean-René Huguenin, René Huyghe, Pierre Jean Jouve, Robert Kanters, Thierry Maulnier, Maurice Nadeau, Claude Pichois, Salvatore Quasimodo, Claude Roy, Philippe Soupault ; Hachette, 1961.

Michel Butor, *Histoire extraordinaire, essai sur un rêve de Baudelaire* ; Gallimard, 1961, et rééd. coll. « Folio essais ».

Peter Michael Wetherill, *Charles Baudelaire et la poésie d'Edgar Poe* ; Nizet, 1962.

Alfred Edward Carter, *Baudelaire et la critique française, 1868-1917* ; Columbia, University of South Carolina Press, 1963.

Adolphe Tabarant, *La Vie artistique au temps de Baudelaire, 1840-1867* ; nouvelle édit., Mercure de France, 1963.

Léon Bopp, *Psychologie des Fleurs du mal* ; Droz, 1964.

Robert Vivier, *L'Originalité de Baudelaire* ; Bruxelles, Palais des Académies, 1965.

Charles Mauron, *Le dernier Baudelaire* ; Corti, 1966.

Max Milner, *Baudelaire, enfer ou ciel qu'importe !* ; Plon, 1967.

Claude Pichois, *Baudelaire à Paris* ; photographies de Maurice Rué ; Hachette, 1967.

Pierre Emmanuel, *Baudelaire* ; Desclée De Brouwer, coll. « Les écrivains devant Dieu », 1967 ; rééd. Seuil, coll. « Points » sous le titre de *Baudelaire, la femme et Dieu*, 1982.

Albert Kies, *Études baudelairiennes* ; Louvain, Nauwelaerts, 1967.

Claude Pichois, *Baudelaire, études et témoignages* ; Neuchâtel, La Baconnière, 1968, et nouvelle éd. 1976.

Jean Pommier, *Autour de l'édition originale des Fleurs du mal* ; Slatkine, 1968.

Felix W. Leakey, *Baudelaire and Nature* ; Manchester University Press, 1969.

Georges Poulet, *Qui était Baudelaire ?* ; Genève, Albert Skira, 1969.

Pierre-Georges Castex, *Baudelaire critique d'art* ; SEDES, 1969.

Jean-José Marchand, *Sur Mon Cœur mis à nu* ; L'Herne, coll. « Glose », 1970.

Léon Cellier, *Baudelaire et Hugo* ; Corti, 1970.

Margaret Gilman, *Baudelaire the Critic* ; New York, Columbia University Press, 1943 ; New York, Octagon Press, 1971.

Paul Arnold, *Ésotérisme de Baudelaire* ; Vrin, 1972.

Claude Zilberberg, *Une lecture des Fleurs du mal* ; Tours, Mame, 1972.

Marc Eigeldinger, *Poésie et Métamorphoses* ; Neuchâtel, La Baconnière, 1973.

Armand Moss, *Baudelaire et Delacroix* ; Nizet, 1973.

Morten Nojgaard, *Élévation et expansion. Les deux dimensions de Baudelaire. Trois essais sur la technique poétique des Fleurs du mal* ; Odense University Press, 1973.

Claude Pichois, *Album Baudelaire* ; Gallimard, coll. « Pléiade », 1974.

Armand Moss, *Baudelaire et Madame Sabatier* ; Nizet, 1975 ; nouvelle édition refondue et augmentée, Nizet, 1978.

Jean Richer et Marcel A. Ruff, *Les Derniers mois de Charles Baudelaire* ; Nizet, 1976.

Jean Ziegler, *Gautier, Baudelaire : un carré de Dames* ; Nizet, 1978.

Georges Poulet, *La Poésie éclatée : Baudelaire, Rimbaud* ; PUF, 1980.

Nicole Ward Jouve, *Baudelaire : a fire to conquer darkness* ; London, Macmillan, 1980.

Rosemary Lloyd, *Baudelaire's Literary Criticism* ; Cambridge University Press, 1980.

Léo Bersani, *Baudelaire et Freud* ; Seuil, coll. « Poétique », 1981.

Frederick William John Hemmings, *Baudelaire the damned : a biography* ; London, Hamilton, 1982.

Anne-Marie Amiot, *Baudelaire et l'illuminisme* ; Nizet, 1982.

Roger Kempf, *Dandies : Baudelaire et Cie* ; Seuil, coll. « Points essais », 1984.

Ingeborg Kohler, *Baudelaire et Hoffmann* ; Almqvist et Wiksell, 1984.

Théophile Gautier, *Charles Baudelaire : deux études* ; éditées par Philippe Terrier ; Neuchâtel, La Baconnière, 1985.

Michel Quesnel, *Baudelaire solaire et clandestin* ; PUF, coll. « Écrivains », 1987.

Philippe Bonnefis, *Mesures de l'ombre* ; Presses universitaires de Lille, 1987.

Raymond Poggenburg, *Charles Baudelaire : une micro-histoire, chronologie baudelairienne* ; Corti, 1987.

Marcel Proust, *Sur Baudelaire, Flaubert et Morand* ; édition établie par A. Compagnon ; Bruxelles, Complexe, 1987.

Claude Pichois, Jean Ziegler, *Baudelaire : biographie* ; Julliard, 1987.

Bernard-Henri Lévy, *Les Derniers Jours de Charles Baudelaire (roman)* ; Grasset, 1988 ; Le Livre de Poche, 1990.

Graham Robb, *Baudelaire lecteur de Balzac* ; Corti, 1988.

Jean Starobinski, *La Mélancolie au miroir : trois lectures de Baudelaire* ; Julliard, 1989.

Gérard Froidevaux, *Baudelaire, Représentation et modernité* ; Corti, 1989.

Antoine Blondin, *Devoirs de vacances : Baudelaire, Cocteau, Musset, Rimbaud et... Ulysse* ; Bruxelles, Complexe, coll. « Le regard littéraire », 1990.

Dominique Rincé, *Baudelaire et la modernité poétique* ; PUF, coll. « Que sais-je ? », 1990.

Joan Borrell, *L'Artiste-roi, essais sur les représentations (Courbet-Baudelaire)* ; Aubier, 1990.

Walter Benjamin, *Charles Baudelaire : un poète lyrique à l'apogée du capitalisme* ; édition de Rolf Tiedemann ; traduit de l'allemand et préfacé par Jean Lacoste ; Payot, coll. « Critique de la politique », 1990.

Yvan Leclerc, *Crimes écrits : la littérature en procès* au XIXe siècle ; Plon, 1991.

Marc Eigeldinger, *Le Soleil de la poésie : Gautier, Baudelaire, Rimbaud* ; Neuchâtel, La Baconnière, 1991.

Théophile Gautier, *Baudelaire* ; édition présentée par J.-L. Steimetz ; Le Castor astral, coll. « Les inattendus », 1991.

Le Musée retrouvé de Charles Baudelaire ; textes choisis et présentés par Yann Le Pichon et Claude Pichois ; Stock, coll. « Musée retrouvé », 1992.

Luc Decaunes, *Charles Baudelaire* ; Robert Laffont, coll. « Poètes d'aujourd'hui », 1992.

Félix de Azua, *Baudelaire y el artista de la vida moderna* ; Pamplona, Pamiela, 1992.

Gonzague de Reynold, *Charles Baudelaire* ; Slatkine, 1993.

Graham Robb, *La Poésie de Baudelaire et la poésie française* ; Aubier, 1993.

Gérard Bocholier, *Baudelaire en toutes lettres* ; Bordas, 1993.

André du Bouchet, *Baudelaire irrémédiable* ; Deyrolle, 1993.

Claude Pichois et Jean-Paul Avice, *Baudelaire, Paris* ; préface de Yves Bonnefoy ; édition Paris Musées, Quai Voltaire, 1993.

Jérôme Thélot, *Baudelaire, violence et poésie* ; Gallimard, coll. « Bibliothèque des Idées », 1993.

Henri Troyat, *Baudelaire* ; Flammarion, coll. « Grandes Biographies », 1994.

Michel Schneider, *Baudelaire les années profondes,* Seuil, coll. « La Librairie du XXe siècle », 1994.

Illustrations

Archives Seuil : 31, 40, 41, 43, 47, 62, 88, 97, 105, 110, 116, 134, 137, 146, 187. Bibliothèque littéraire Jacques-Doucet, Paris : 6, 71, 106. Bibliothèque Nationale de France, Paris : 7, 8, 9, 17, 19, 87, 115, 124, 129. Bulloz : 139. J.-L. Charmet : 12-13, 25, 84, 150. Dagli-Orti : 67, 72-73, 99, 127. Edimedia : 4, 55. Giraudon : 23, 50-51, 79, 80-81, 145, 178-179. Photothèque des Musées de la Ville de Paris : 45, 49, 89, 103, 112-113. Réunion des Musées Nationaux, Paris : 28, 33, 36-37, 57, 60-61, 69, 75, 76, 86, 90, 92, 104, 118-119, 121, 181, 191, 206. Roger Viollet : 170, 175.

■ *Baudelaire au fauteuil Louis XIII*, par Nadar, 1885. « D'une physionomie très-fine, l'œil clair et curieux, la lèvre ironique, mince de taille et souple de corps, il s'ingéniait à se donner l'air "fatal" […]. » Henry de La Madelène, 1866. (Paris, musée d'Orsay.)

TABLE

Collection « Écrivains de toujours »
nouvelle série dirigée par
Jean-Luc Giribone

DÉJÀ PARUS

Aristote
Gide
Giono
Hegel
Hugo
Joyce
Montaigne
Montesquieu
Nabokov
Pagnol
Platon
Rimbaud
Ronsard
Rousseau
Sade
Stendhal
Les surréalistes
La tragédie de l'âge classique
Voltaire

À PARAÎTRE

Apollinaire
La comédie de l'âge classique
Dostoïevski
Éluard

Maquette et réalisation Pao : Le Livre à Venir
Iconographie : Claire Balladur
Photogravure : Charente Photogravure
Achevé d'imprimer par Aubin Imprimeur
D. L. mars 1995. N° 23493 (P48463)